Voor mijn vader

Eerst uitgegeven door Éditions de La Martinière 2011

NEDERLANDSE UITGAVE
Uitgever: Bert J. Jans
Vertaling: Kim Maclean
Gezet door Vof Peters en Ellenbroek, Waaksens
Gedrukt en gebonden in China

Eerste Nederlandse druk 2012

Good Cook Publishing is een geregistreerd handelsmerk van Kamphuis G.E.B.V.
Zwolle, Nederland

ISBN 978-94-6143-072-4
NUR-code 440

CREATIEF CULINAIR

Jean-Charles Karmann

FOTOGRAFIE Carrie Solomon / STILERING Garlone Bardel

SUSHI

FUSION

GOOD COOK PUBLISHING

7
Inleiding

8
Sushi traditioneel

20
Sushi herzien en aangepast

36
Fusion wereldwijd

46
Sushi show

58
Mini bio sushi

70
Sushi met kaas

88
Zoete sushi

106
Sushi voor de kleintjes

119
Index recepten

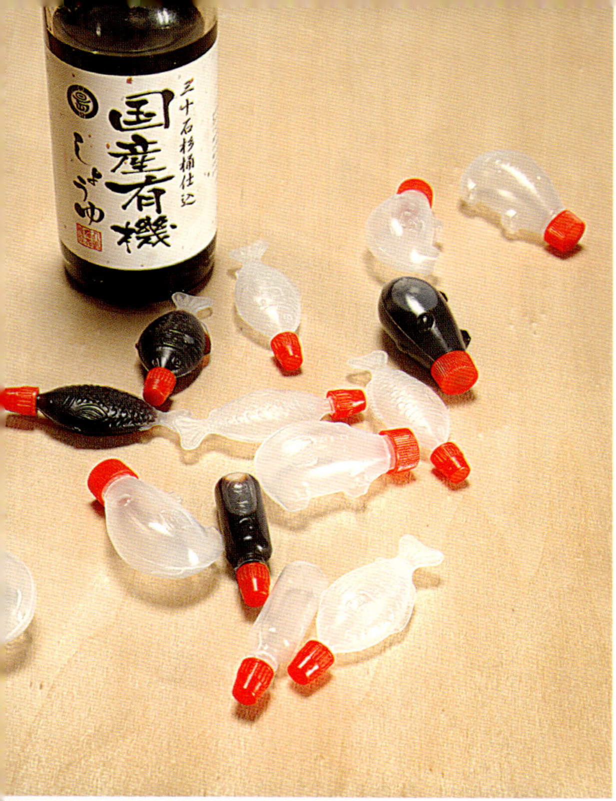
三十石杉桶仕込
国産有機
しょうゆ

三十石杉桶仕込
国産有機
S&B
WASABI
PREPARED WASABI IN TUBE
WASABI

Sushi eten is tegenwoordig geen mode of trend meer, maar een onderdeel van het moderne leven.

Sushi zijn ontstaan door het verduurzamen van vis. Vroeger stapelden Japanse vissers vis en rijst om en om in lagen in vaten die ze luchtdicht afsloten. Daardoor begon in de vaten een gistingsproces (net als dat bij zuurkool). Na ongeveer een jaar at men de vis en gooide de rijst gewoon weg!

Maar gaandeweg gingen Japanners de smaak van de gefermenteerde rijst die aan de vis plakte waarderen. Waarschijnlijk kwamen de inwoners van Edo (het huidige Tokio) in de 17de eeuw op het idee om azijn bij de rijst te doen om het gisten te versnellen en beter te kunnen controleren. De combinatie van vis met gezuurde rijst werd steeds populairder: zo werd sushi geboren. Daarna sloeg men de fase van het gisten over en ging plakjes versgevangen vis serveren op langwerpige hoopjes met azijn gezuurde rijst: dat zijn de sushi die wij nu onder de naam nigiri kennen. Sushi namen een geweldige vlucht en waren al gauw te koop bij kraampjes op straat, een gebruik dat zich over heel Japan verspreidde. In het westen zijn we pas sinds kort bekend met sushi, maar we hebben ze wel in ons hart gesloten.

Tegenwoordig zijn sushi in allerlei variaties verkrijgbaar en de recepten ervoor zijn niet meer te tellen. In de vorm van maki worden ingrediënten vaak in vellen nori gewikkeld. Maar in dit boek met fusionsushi laten we je zien hoe je daarvoor ook een zoete of juist zoute omelet kunt gebruiken, of kunt kiezen voor een plak rauwe of gekookte ham, een flensje, een koolblad, enzovoort. Jij kiest wat je wilt. Gebruik de recepten in dit boek alsjeblieft als springplank voor allerlei kookfantasieën die er door je hoofd spelen. Vergeet ook de recepten voor jonge kinderen niet, een aspect dat ik bij mijn koken altijd in gedachten houdt.

Voor de recepten in dit boek beschrijf ik hoe je de bolletjes rijst tussen je handpalmen vormt, omdat ik altijd een voorstander ben van een 'hands on' benadering. Gelukkig bestaan er allerlei verschillende vormen die je voor het sushi maken kunt gebruiken, zodat je 'sushi parties' altijd een succes zullen zijn. Ik hoop dat dit boek je veel fantastische momenten in de keuken zal verschaffen, je ongelofelijke smaaksensaties zal laten beleven, je creativiteit zal stimuleren en bovenal veel geweldige maaltijden met vrienden zal laten meemaken.

Dat je er met veel vrienden van mag genieten!

Jean-Charles Karmann

Sushi traditioneel

Nigiri met gamba's

VOOR 4 PERSONEN OF 24 NIGIRI

250 g sushirijst • 30 g olijfolie • 100 g rijstazijn • 10 g fijne kristalsuiker • 20 g zeewiermosterd • 24 gambastaarten zonder schaal • 2 vellen nori • zout

1 Spoel de rijst een paar keer onder de kraan tot het water helder blijft. Giet de rijst af. Doe de rijst in een grote pan. Doe er een snufje zout en de olijfolie bij. Giet er dan tweemaal het volume van de rijst aan water bij. Laat 15 tot 20 minuten sudderen op matig vuur tot er bijna geen vocht meer in de pan is. Neem de pan van het vuur en laat de rijst afgedekt 5 minuten stomen.

2 Meng de rijstazijn met de suiker. Doe de rijst over in een grote kom. Giet er de azijn bij terwijl je de rijst losjes omschept. Dek de kom af met plasticfolie en laat de rijst dan 1 uur op kamertemperatuur staan.

3 Bevochtig je handen met koud water. Neem kleine balletjes rijst op en druk die met je vingers tot een langwerpig rolletje. Strijk op elk van deze rolletjes een puntje zeewiermosterd uit en leg er daarna een garnaal op. Knip smalle reepjes uit de vellen nori en bind een reepje nori om elke nigiri.

Sushi +

JE KUNT DE GARNALEN VERVANGEN DOOR STUKJES UITGEHAALDE KRABSCHAAR OF DOOR PLAKJES LANGOEST OF PLAKJES KREEFTENSTAARTVLEES.

Sushi +

JE KUNT DE KOMKOMMER VERVANGEN DOOR PAPRIKA, GEMARINEERDE MEIRAAP (IN OOSTERSE WINKELS TE KOOP), OF DOOR RAUWE COURGETTE.

Maki met komkommer en munt

VOOR 4 PERSONEN OF 4 ROLLEN

250 g sushirijst • 30 g arachideolie • 80 g rijstazijn • 10 g suiker • 1 komkommer • een bosje verse munt • 4 vellen nori • zout

1 Spoel de rijst een paar keer onder de kraan tot het water helder blijft. Giet de rijst af. Doe de rijst in een grote pan. Doe er een snufje zout en de arachideolie bij en giet er tweemaal het volume van de rijst aan water bij. Laat 15 tot 20 minuten sudderen op matig vuur tot er bijna geen vocht meer in de pan is. Neem de pan van het vuur en laat de rijst afgedekt 5 minuten stomen.

2 Meng de rijstazijn met de suiker. Doe de rijst over in een grote kom. Giet er de rijstazijn bij terwijl je de rijst losjes omschept. Dek de kom af met plasticfolie en laat de rijst dan 1 uur op kamertemperatuur staan.

3 Schil intussen de komkommer. Halveer hem in de lengte en schep er al het zaad uit. Snijd de komkommer dan in vier lange staafjes van 1 cm per kant. Spoel de munt af. Dep hem droog en neem er de blaadjes af.

4 Leg een vel nori op een sushimatje. Bevochtig je handen en leg een kwart van de rijst in een reep op de nori, waarbij je aan de bovenkant van het matje een strook van 2 cm vrij laat. Leg in het midden van de rijst een rijtje blaadjes munt. Leg een staafje komkommer op de munt. Rol het matje voorzichtig op. Houd de ingrediënten op hun plaats en rol het vel nori om zichzelf. Verpak de rol strak in plasticfolie. Herhaal deze werkwijze drie keer en leg de rollen in de koelkast.

5 Verwijder vlak voor het serveren de plasticfolie en snijd de rollen in mooie plakjes.

Sushi +

JE KUNT ALS GROENTEN SOORTEN KIEZEN DIE IN SEIZOEN ZIJN. JE KUNT BIJ DE MAKI OOK EEN MENGSEL VAN FIJNGEHAKTE VERSE KRUIDEN GEVEN, OF ROOM MET SPECERIJEN, OF ANDERE SMAAKGEVERS.

Californië-rol
met groenten en ontbijtgraan

VOOR 4 PERSONEN OF 4 ROLLEN

250 g sushirijst • 30 g olijfolie • 80 g frambozenazijn • 10 g fijne kristalsuiker • 1 komkommer • 1 rode paprika • 1 gele paprika • 4 vellen nori • 50 g gemengd ontbijtgraan • zout

1 Spoel de rijst een paar keer onder de kraan tot het water helder blijft. Giet de rijst af. Doe de rijst in een grote pan. Doe er een snufje zout en de olijfolie bij. Giet er dan tweemaal het volume van de rijst aan water bij. Laat 15 tot 20 minuten sudderen op matig vuur tot er bijna geen vocht meer in de pan is. Neem de pan van het vuur en laat de rijst afgedekt 5 minuten stomen.

2 Meng de frambozenazijn met de suiker. Doe de rijst over in een grote kom. Giet er de azijn bij terwijl je de rijst losjes omschept. Dek de kom af met plasticfolie en laat de rijst dan 1 uur op kamertemperatuur staan.

3 Spoel de komkommer. Halveer hem en de paprika's in de lengte en verwijder het zaad. Snijd de groenten dan in staafjes van 1 cm dik per kant.

4 Leg een stuk plasticfolie op een sushimatje. Bevochtig je handen. Spreid een dun laagje rijst uit op de plasticfolie. Leg er een vel nori op en leg daar staafjes komkommer en staafjes van elke kleur paprika op. Rol de maki met behulp van het matje netjes op. Draai de uiteinden van de folie stevig dicht om de rol. Herhaal deze werkwijze met de rest van de ingrediënten. Leg de rollen in de koelkast.

5 Doe wanneer de rollen goed stevig het iets fijngestampte ontbijtgraan in een bord. Rol er de makirollen door. Snijd de rollen in mooie plakjes.

Nigiri met zalm

VOOR 4 PERSONEN OF 24 NIGIRI

250 g sushirijst • 30 g arachideolie • 100 g rijstazijn • 10 g fijne kristalsuiker • 250 g verse zalm • 10 g wasabi • zout

1 Spoel de rijst een paar keer onder de kraan tot het water helder blijft. Giet de rijst af. Doe de rijst in een grote pan. Doe er een snufje zout en de arachideolie bij en giet er tweemaal het volume van de rijst aan water bij. Laat 15 tot 20 minuten sudderen op matig vuur tot er bijna geen vocht meer in de pan is. Neem van het vuur en laat de rijst afgedekt 5 minuten stomen.

2 Meng de rijstazijn met de suiker. Doe de rijst over in een grote kom. Giet er de azijn bij terwijl je de rijst losjes omschept. Dek de kom af met plasticfolie en laat de rijst dan 1 uur op kamertemperatuur staan.

3 Snijd intussen de zalm in 24 kleine, even grote, langwerpige plakjes.

4 Bevochtig je handen met koud water. Neem kleine balletjes rijst op en druk die met je vingers tot een langwerpig rolletje. Strijk op elk rolletje een klein beetje wasabi uit en leg er dan een plakje zalm op.

5 Serveer de nigiri en geef er een kommetje sojasaus, wasabi en voor de liefhebbers wat stukjes op azijn ingelegde gember (gari) bij.

Sushi +

JE KUNT DE NIGIRI BELEGGEN MET ANDERE SOORTEN RAUWE VIS DIE JE LEKKER VINDT. RODE TONIJN IS EEN KLASSIEKER, MAAR OOK DORADE EN ZEEBAARS ZIJN ER ERG LEKKER BIJ.

三十石杉桶仕込
国産有機
しょうゆ

Sushi +

MAAK DIT RECEPT NOG EXOTISCHER EN VERVANG DE LIMOEN DOOR EEN KAFFIR LIMOEN. DAT IS EEN SMAKELIJKE CITRUSVRUCHT DIE BIJ OOSTERSE WINKELS OOK WEL TE KOOP IS ALS DJEROEK POEROET.

Nigiri met coquilles

VOOR 4 PERSONEN OF 24 NIGIRI

250 g sushirijst • 80 g extra vergine olijfolie • 90 g blanke azijn • 10 g bruine suiker • 12 mooie coquilles • 1 limoen • een snufje piment d'Espelette • ½ bosje dille • zout

1 Spoel de rijst een paar keer onder de kraan tot het water helder blijft. Giet de rijst af. Doe de rijst in een grote pan. Doe er een snufje zout en 30 g olijfolie bij. Giet er tweemaal het volume van de rijst aan water bij. Laat dan 15 tot 20 minuten sudderen op matig vuur tot er bijna geen vocht meer in de pan is. Neem de pan van het vuur en laat de rijst afgedekt 5 minuten stomen.

2 Meng de azijn met de suiker. Doe de rijst over in een grote kom. Giet er de azijn bij terwijl je de rijst losjes omschept. Dek de kom af met plasticfolie en laat de rijst dan 1 uur op kamertemperatuur staan.

3 Snijd intussen de coquilles horizontaal in dunne plakjes. Spoel de limoen. Rasp de schil dun af en pers de limoen uit. Zet de geraspte schil in de koelkast. Meng in een grote kom het limoensap met de rest van de olijfolie, een snufje piment d'Espelette en de afgespoelde en daarna grof gehakte dille. Schep er de plakjes coquille door. Zet de kom in de koelkast.

4 Bevochtig je handen met koud water. Neem kleine balletjes rijst op en druk die met je vingers tot een langwerpig rolletje. Leg op elk rolletje twee of drie plakjes gemarineerde coquille. Bestrooi het geheel met een beetje geraspte limoenschil en garneer met een toefje dille.

Sushi herzien en aangepast

Nigiri in blik

VOOR 4 PERSONEN OF 4 ROLLEN

250 g sushirijst • 800 g rijstazijn • 10 g fijne kristalsuiker • 1 blikje sardines op olie • 1 blikje haringfilets op olie • zout

1 Spoel de rijst een paar keer onder de kraan tot het water helder blijft. Giet de rijst af. Doe de rijst in een grote pan. Doe er een snufje zout en 50 g van de olie van de vis in blik bij. Giet er twee keer het volume van de rijst aan water over. Laat 15 tot 20 minuten sudderen op matig vuur tot er bijna geen vocht meer in de pan is. Neem de pan van het vuur en laat de rijst met het deksel op de pan 5 minuten stomen.

2 Meng de rijstazijn met de suiker. Doe de rijst over in een grote kom. Giet er de azijn bij terwijl je de rijst losjes omschept. Dek de kom af met plasticfolie en laat de rijst dan 1 uur op kamertemperatuur staan.

3 Spoel de sardines en haringfilets onder de koude kraan af. Snijd ze dan in de lengte in tweeën.

4 Bevochtig je handen met koud water. Neem kleine balletjes rijst op en druk die met je vingers tot een langwerpig rolletje. Leg op elk van de rolletjes rijst een stukje sardine en een stukje haring.

5 Voor de presentatie kan je deze maki desgewenst serveren in de blikjes waar de vis in zat. Spoel in dat geval de blikjes van tevoren goed af.

Sushi +

JE KUNT VOOR DEZE NIGIRI OOK ANDERE SOORTEN OP OLIE INGELEGDE VIS OF ZELFS GEBAKKEN VIS GEBRUIKEN.

CONSERVERIE
la belle-iloise

Maki
black & white

VOOR 4 PERSONEN OF 20 NIGIRI

150 g zwarte rijst • 100 g neutrale gelei • 125 g sushirijst • 30 g olijfolie • 50 g rijstazijn • 5 g suiker • 250 g zeebaarsfilet • zout, fleur de sel

1 Kook de zwarte rijst gaar in een ruime hoeveelheid kokend water met zout. Giet de zwarte rijst af. Laat hem afkoelen en schep er geleidelijk en losjes de gelei door.

2 Spoel de sushirijst een paar keer onder de kraan tot het water helder blijft. Giet de rijst af. Doe de rijst in een grote pan. Doe er een snufje zout en de olijfolie bij en giet er tweemaal het volume van de rijst aan water bij. Laat 15 tot 20 minuten sudderen op matig vuur tot er bijna geen vocht meer in de pan is. Neem de pan van het vuur en laat de rijst afgedekt 5 minuten stomen.

3 Meng de rijstazijn met de suiker. Doe de rijst over in een grote kom. Giet er de azijn bij terwijl je de rijst losjes omschept. Dek de kom af met plasticfolie en laat de rijst dan 1 uur op kamertemperatuur staan.

4 Strijk op een grote plaat met verhoogde rand de sushirijst in een dunne laag uit. Verdeel er de zwarte rijst over. Druk even stevig aan. Snijd de zeebaars in kleine, dunne plakjes en verdeel die over de zwarte rijst. Zet het geheel 2 uur in de koelkast.

5 Doe het rijstmengsel zodra het door en door koud is over op een snijplank. Snijd het in kleine blokjes en schik die op een aantrekkelijke manier op een dienschaal. Bestrooi de maki met wat fleur de sel.

Maki
met gerookte schelvis en gesmoorde prei

VOOR 4 PERSONEN OF 4 ROLLEN

250 g sushirijst • 30 g olijfolie • 50 g blanke azijn • 5 g fijne kristalsuiker • 2 preien • 30 g boter • 5 g mierikswortelpuree • 5 g crème fraîche • 400 g gerookte-schelvisfilet • zout

1 Spoel de rijst een paar keer onder de kraan tot het water helder blijft. Giet de rijst af en doe hem in een grote pan. Voeg een snufje zout en de olijfolie toe. Giet er tweemaal het volume van de rijst aan water bij. Laat 15 tot 20 minuten sudderen op matig vuur tot er bijna geen vocht meer in de pan is. Neem de pan van het vuur en laat de rijst afgedekt 5 minuten stomen.

2 Meng de azijn met de suiker. Doe de rijst in een kom. Giet er de azijn bij terwijl je de rijst omschept. Dek de kom af met plasticfolie en laat de rijst 1 uur op kamertemperatuur staan.

3 Neem de mooiste buitenbladen van de preien. Spoel ze even onder de kraan en blancheer ze dan 5 minuten in kokend, gezouten water. Dompel ze daarna meteen 2 minuten in ijswater. Giet de bladen af en laat ze uitlekken op een droge theedoek.

4 Hak de rest van de prei fijn en spoel onder de kraan. Laat de boter smelten in een pan. Doe er zodra de boter schuimt de prei in. Bak die even tot hij goed gaar is en het water ervan verdampt is. Voeg de mierikswortelpuree en de crème fraîche toe en laat even inkoken. Laat het geheel dan afkoelen. Meng de prei met de rijst.

5 Snijd de gerookte schelvis in lange, dunne stukken. Leg de geblancheerde bladen prei op vier grote stukken plasticfolie. Dek de bladen af met een laagje sushirijst. Leg in het midden van de rijst een stuk gerookte schelvis. Til de folie op en rol het geheel strak op tot een lange rol. Leg de ingepakte rollen in de koelkast.

6 Verwijder vlak voor het serveren de plasticfolie en snijd de rollen in mooie plakjes.

Californië-rol
zoet en zout

VOOR 4 PERSONEN OF 4 ROLLEN

250 g sushirijst • 30 g arachideolie • 80 g rijstazijn • 10 g suiker • 1 ananas • 150 g verse zalm • 1 avocado • 4 vellen nori • 5 g geel sesamzaad • 5 g maanzaad • zout

1 Spoel de rijst een paar keer onder de kraan tot het water helder blijft. Giet de rijst af. Doe de rijst in een grote pan. Doe er een snufje zout en de arachideolie bij en giet er tweemaal het volume van de rijst aan water bij. Laat 15 tot 20 minuten sudderen op matig vuur tot er bijna geen vocht meer in de pan is. Neem de pan van het vuur en laat de rijst afgedekt 5 minuten stomen.

2 Meng de rijstazijn met de suiker. Doe de rijst over in een grote kom. Giet er de azijn bij terwijl je de rijst losjes omschept. Dek de kom af met plasticfolie en laat de rijst dan 1 uur op kamertemperatuur staan.

3 Schil de ananas en snijd het vruchtvlees in staafjes van 1 cm per kant. Snijd de zalm in stukjes die even groot zijn als de staafjes ananas. Pel vlak voor je de maki gaat oprollen de avocado en neem er de pit uit. Snijd ook de avocado in staafjes.

4 Leg een stuk plasticfolie op een sushimatje. Verdeel er een kwart van de rijst in een dun laagje over. Leg een vel nori op de rijst. Leg er in het midden staafjes avocado, ananas en stukjes zalm op. Rol de maki met behulp van het matje netjes op. Draai de uiteinden van de folie stevig dicht om de rol. Herhaal deze werkwijze met de rest van de ingrediënten. Leg de rollen in de koelkast.

5 Doe zodra de Californië-rollen goed stevig zijn het sesamzaad met het maanzaad op een bord. Pak de rollen uit en rol ze door het zaadmengsel. Snijd de rollen dan in mooie plakjes.

Sushi +

JE KUNT DEZE MAKI OOK MET ANDERE VRUCHTEN EN GROENTEN MAKEN: DENK AAN MANGO, CITRUSVRUCHTEN, KOMKOMMER OF PAPRIKA.

Sushi +

JE KUNT DE POON VERVANGEN DOOR EEN ANDER SOORT VIS VOOR DE TRADITIONELE BOUILLABAISSE.

Maki bouillabaisse

VOOR 4 PERSONEN OF 4 ROLLEN

250 g sushirijst • 150 g olijfolie • 75 cl vissoep van uitstekende kwaliteit • 50 g rijstazijn • 10 g suiker • 20 g gedroogde tomaten • 2 mooie courgettes • 6 poonfilets zonder graatjes

1 Spoel de rijst een paar keer onder de kraan tot het water helder blijft. Giet de rijst af en doe hem in een grote pan. Giet er 30 g olijfolie en de vissoep bij. Breng alles op matig vuur aan het sudderen. Blijf regelmatig roeren, zodat de rijst niet aanbakt. Doe dat tot er geen vocht meer over is. Neem de pan van het vuur en laat de rijst afgedekt 5 minuten stomen.

2 Meng de rijstazijn met de suiker. Doe de rijst in een grote kom. Schep er de in stukjes gehakte gedroogde tomaten door. Giet er de azijn bij terwijl je de rijst losjes omschept. Dek de kom af met plasticfolie en laat de rijst dan 2 uur op kamertemperatuur staan.

3 Spoel de courgettes onder de kraan. Snijd ze in de lengte in lange, dunne plakken. Verwarm de ovengrill voor. Leg de plakken courgette op een met bakpapier beklede bakplaat en schuif ze 2 minuten onder de grill. Laat ze na het grillen marineren in de rest van de olijfolie.

4 Bak de poonfilets een voor een snel in een scheutje flink hete olijfolie. Snijd de gebakken vis in staafjes.

5 Giet de plakken courgette af. Leg een kwart van de plakken courgette op een rechthoek plasticfolie. Verdeel een dun laagje rijst over de plakken courgette. Laat daarbij aan de bovenkant van de folie een flinke strook vrij. Leg staafjes gebakken poon in het midden. Rol het geheel op met behulp van de folie. Herhaal deze werkwijze met de rest van de ingrediënten. Leg de rollen in de koelkast.

6 Verwijder vlak voor het serveren de plasticfolie en snijd de rollen in mooie plakjes. Serveer bij deze maki een lekker pittige rouille.

Maki
met kalfsragout

VOOR 4 PERSONEN OF 4 ROLLEN

250 g sushirijst • 1 blokje groentebouillon • 1 blokje gevogeltebouillon • 1 ui • 1 wortel • 50 g stevige, witte champignons • het sap van 1 citroen • 1 prei • 200 g gebakken kalfsfricandeau

1 Spoel de rijst een paar keer onder de kraan tot het water helder blijft. Giet de rijst af. Doe de rijst in een grote pan. Doe er de verkruimelde bouillonblokjes bij. Giet er dan twee maal het volume van de rijst aan water bij. Breng alles op matig vuur aan de kook. Pel de ui en schil de wortel. Borstel de champignons schoon. Snijd alle groenten dan in heel kleine blokjes. Doe de blokjes groente in de pan met rijst en laat alles sudderen tot er bijna geen vocht meer in de pan is. Neem van het vuur en laat de rijst afgedekt 5 minuten rusten.

2 Doe de inhoud van de pan in een kom. Voeg het citroensap toe. Dek de kom af met plasticfolie en laat alles 1 uur rusten op kamertemperatuur.

3 Neem intussen de mooiste buitenbladen van de prei. Spoel ze even onder de kraan. Blancheer de bladen 5 minuten in kokend water met zout. Laat de bladen schrikken in ijswater en dan uitlekken op keukenpapier. Snijd de kalfsfricandeau in 1 cm dikke staafjes.

4 Leg een kwart van de preibladen op een rechthoek plasticfolie. Verdeel er een dun laagje rijst over. Leg in het midden van de rijst wat staafjes kalfsfricandeau. Rol alles op tot een stevig in folie verpakte rol. Herhaal deze werkwijze met de rest van de ingrediënten. Leg de rollen in de koelkast.

5 Verwijder vlak voor het serveren de plasticfolie en snijd de rollen in mooie plakjes. Geef er met wat citroensap op smaak gebrachte room bij.

Sushi +

JE KUNT OP BASIS VAN DIT RECEPT OOK ANDERE KLASSIEKERS UIT DE FRANSE KEUKEN VERWERKEN, ZOALS BOEUF BOURGUIGNON OF COQ AU VIN, RESTJES VLEES EN GROENTEN, EEN BEETJE WIJN… JIJ BENT DE CHEF!

Maki als in Zuidwest-Frankrijk

VOOR 4 PERSONEN OF 4 ROLLEN

250 g sushirijst • 5 g selderijzout • 50 g notenolie • 80 g pruimedantenazijn • 10 g fijne kristalsuiker • 1 gerookte eendenborst • 16 pruimedanten zonder pit • 80 g verse foie gras

1 Spoel de rijst een paar keer onder de kraan tot het water helder blijft. Giet de rijst af. Doe de rijst in een grote pan. Doe er het selderijzout en de notenolie bij en giet er tweemaal het volume van de rijst aan water bij. Laat 15 tot 20 minuten sudderen op matig vuur tot er bijna geen vocht meer in de pan is. Neem de pan van het vuur en laat de rijst afgedekt 5 minuten stomen.

2 Meng de azijn met de suiker. Doe de rijst over in een grote kom. Giet er de azijn bij terwijl je de rijst losjes omschept. Dek de kom af met plasticfolie en laat de rijst daarna 1 uur op kamertemperatuur staan.

3 Snijd de eendenborst in de lengte in heel dunne plakjes. Snijd de pruimedanten doormidden en snijd de foie gras in staafjes.

4 Leg een kwart van de plakken eendenborst op een rechthoek plasticfolie. Verdeel er een dun laagje rijst over. Laat aan de bovenkant van de folie een strook vrij. Leg een rijtje staafjes foie gras en een rijtje halve pruimedanten in het midden van de rijst. Rol het geheel op met behulp van de folie. Herhaal deze werkwijze met de rest van de ingrediënten. Bewaar de rollen 1 uur in de koelkast.

5 Verwijder vlak voor het serveren de plasticfolie en snijd de rollen in mooie plakjes. Serveer deze sushi als origineel borrelhapje.

Sushi +

ALS JE GEEN PRUIMEDANTENAZIJN HEBT, KAN JE TRUFFELAZIJN OF HAZELNOTENAZIJN GEBRUIKEN, OF MISSCHIEN HEB JE ZELF EEN FAVORIET.

Nigiri met tomaat en mozzarella

VOOR 4 PERSONEN OF 24 NIGIRI

250 g sushirijst • 50 g olijfolie • een snufje gedroogde oregano • 80 g balsamico-azijn • 30 g fijne kristalsuiker • 3 goed rijpe tomaten • 250 g mozzarella • 1/2 bosje verse basilicum • zout

1 Spoel de rijst een paar keer onder de kraan tot het water helder blijft. Giet de rijst af. Doe de rijst in een grote pan. Doe er een snufje zout, de olijfolie en oregano bij. Giet er dan tweemaal het volume van de rijst aan water bij. Laat 15 tot 20 minuten sudderen op matig vuur tot er bijna geen vocht meer in de pan is. Neem de pan van het vuur en laat de rijst afgedekt 5 minuten stomen.

2 Meng de azijn met de suiker. Doe de rijst over in een grote kom. Giet er de azijn bij terwijl je de rijst losjes omschept. Dek de kom af met plasticfolie en laat de rijst dan 1 uur op kamertemperatuur staan.

3 Dompel de tomaten 10 tellen in kokend water. Laat ze dan even schrikken in ijswater en trek er daarna de velletjes af. Snijd elke tomaat in acht partjes. Verwijder al het zaad. Leg de partjes tomaat op een stuk keukenpapier. Snijd de mozzarella in kleine plakjes. Spoel de basilicumblaadjes af. Dep ze droog.

4 Bevochtig je handen met koud water. Neem kleine balletjes rijst op en druk die met je vingers tot een langwerpig rolletje. Leg op elke rolletje de volgende dingen: een blaadje basilicum, een partje tomaat en een plakje mozzarella. Serveer de nigiri en geef er een kommetje extra vierge olijfolie bij.

Sushi +

DEZE ZONNE-NIGIRI VORMEN EEN PERFECT VOORGERECHT VOOR EEN ZOMERSE MAALTIJD. JE KUNT DE PARTJES TOMAAT VERVANGEN DOOR RONDE PLAKJES GEGRILDE COURGETTE OF GEMARINEERDE AUBERGINE.

Fusion
wereldwijd

Nigiri risotto

VOOR 4 PERSONEN OF 24 NIGIRI

250 g sushirijst • 60 g olijfolie • 1 blokje gevogeltebouillon • 300 g boleten • 50 g versgeraspte Parmezaanse kaas • 50 g geschaafde Parmezaanse kaas • 3 dunne plakken gedroogde ham • fijn tafelzout, peper uit de molen

1 Spoel de rijst een paar keer onder de kraan tot het water helder blijft. Giet de rijst af. Doe de rijst in een grote pan. Doe er een snufje zout, 30 g olijfolie en het verkruimelde bouillonblokje bij. Giet er dan tweemaal het volume van de rijst aan water bij. Laat 15 tot 20 minuten sudderen op matig vuur tot er bijna geen vocht meer in de pan is. Neem de pan van het vuur en laat de rijst afgedekt 5 minuten stomen.

2 Veeg de boleten schoon met een theedoek. Hak de boleten fijn en bak ze dan even in de rest van de olijfolie op hoog vuur. Breng op smaak met zout en peper.

3 Meng de gebakken boleten zodra ze goed gekleurd zijn in een kom met de gekookte rijst en de geraspte Parmezaanse kaas. Dek de kom af met plasticfolie en laat de rijst dan 1 uur op kamertemperatuur staan.

4 Snijd de gedroogde ham in kleine, rechthoekige plakjes. Bevochtig je handen met koud water. Neem kleine balletjes rijst op en druk die met je vingers tot een langwerpig rolletje. Leg plakjes ham en wat geschaafde Parmezaanse kaas op de rolletjes.

Sushi +

ALS JE WAT SMEUÏGER NIGIRI WENST, KAN JE AAN DE RIJST WAT SLAGROOM OF WAT MASCARPONE TOEVOEGEN.

Sushi +

JE KUNT DE KIP VERVANGEN DOOR KONIJN EN DE NIGIRI VOOR HET SERVEREN AFWERKEN MET EEN GEPELDE ROZE GARNAAL IN PLAATS VAN EEN PLAKJE CHORIZO.

Nigiri paella

VOOR 4 PERSONEN OF 24 NIGIRI

250 g sushirijst • een snufje saffraan • 100 g olijfolie • 30 g blanke azijn • 20 g fijne kristalsuiker • 50 g doperwtjes uit de diepvries • 1 rode paprika • 1 ui • 1 teen knoflook • 2 kipfilets • 50 g inktvis • 1/2 liter kleine mosselen • 1 glas droge witte wijn • 24 plakjes chorizo • zout en peper uit de molen

1 Spoel de rijst een paar keer onder de kraan tot het water helder blijft. Giet de rijst af. Doe de rijst in een grote pan. Doe er een snufje zout, wat saffraan en 20 g olijfolie bij en giet er tweemaal het volume van de rijst aan water bij. Laat 15 tot 20 minuten sudderen op matig vuur tot er bijna geen vocht meer in de pan is. Neem de pan van het vuur en laat de rijst afgedekt 5 minuten stomen. Doe de rijst in een grote kom. Schep er losjes de azijn en suiker door. Dek de kom af en laat de rijst 1 uur rusten.

2 Kook de doperwten kort in goed gezouten, kokend water. Laat ze dan direct even schrikken in ijswater. Giet ze af. Spoel de paprika af. Snijd hem doormidden en verwijder het zaad en de zaadlijsten. Snijd de paprika in kleine blokjes. Pel de ui en snipper hem. Pel de teen knoflook. Verwijder de kiem binnenin en hak de knoflook fijn. Snijd de kip en inktvis in kleine blokjes.

3 Fruit de ui kort in de rest van de olijfolie op hoog vuur. Voeg de blokjes paprika, kip en inktvis toe. Doe er dan de mosselen en knoflook bij. Giet er de witte wijn bij. Leg het deksel op de pan en laat alles 4 tot 5 minuten stomen. Neem de mosselen zodra ze open zijn uit de schelpen. Doe de mosselen weer in de pan. Laat nog even stomen en voeg dan de doperwten toe. Breng op smaak met zout en peper.

4 Meng alles met de rijst en laat afkoelen. Bevochtig je handen met koud water. Neem kleine balletjes rijst op en druk die met je vingers tot een langwerpig rolletje. Leg dan een plakje chorizo op elke nigiri.

Maki
uit de Andes

VOOR 4 PERSONEN OF 4 ROLLEN

250 g quinoa • 10 g mosterdzaad • 150 g kalkoenfilet • 1 courgette • 20 g olijfolie • 60 g gedroogde tomaten • 100 g sesampuree (tahin) • zout

1 Kook de quinoa ongeveer 10 minuten in twee maal zijn hoeveelheid aan kokend, gezouten water. Giet de quinoa af. Doe de quinoa in een kom. Meng er het mosterdzaad door en laat het mengsel afkoelen.

2 Stoom de kalkoenfilet tot hij gaar is. Laat hem afkoelen en leg hem daarna in de koelkast. Spoel de courgette onder de kraan. Snijd hem in piepkleine blokjes. Fruit de blokjes courgette in de olijfolie. Laat ze afkoelen. Snijd de gedroogde tomaten ook in piepkleine blokjes.

3 Meng de quinoa met de blokjes courgette, gedroogde tomaat en de sesampuree. Snijd de kalkoenfilet in flinterdunne plakjes.

4 Leg een kwart van de plakjes kalkoen op een vel plasticfolie. Schep er een dun laagje quinoa over uit. Rol het geheel met behulp van de folie strak op tot een rol. Herhaal deze werkwijze met de rest van de ingrediënten. Leg de rollen in de koelkast.

5 Verwijder vlak voor het serveren de plasticfolie en snijd de rollen in mooie plakjes.

Sushi +

ALS JE VAN DE COMBINATIE ZOUT MET ZOET HOUDT, KAN JE BLOKJES LICHT GEKARAMELISEERDE ANANAS DOOR DE QUINOA SCHEPPEN.

Maki
COUSCOUS

VOOR 4 PERSONEN OF 4 ROLLEN

250 g fijne couscous • een snufje ras-el-hanout • 30 g olijfolie • 5 gedroogde abrikozen • 5 dadels • het groen van 1 prei • 100 g koude, gebraden lamsbout • fijn zout, peper uit de molen

1 Kook de couscous bijtgaar in goed gezouten, kokend water. Laat de gekookte couscous in een kom afkoelen tot kamertemperatuur. Breng de couscous op smaak met peper, ras-el-hanout en de olijfolie. Meng alles goed.

2 Snijd de gedroogde abrikozen en de dadels in piepkleine blokjes. Schep ze door het couscousmengsel.

3 Spoel de preibladen onder de koude kraan. Blancheer ze even in goed gezouten, kokend water. Dompel ze daarna meteen even in ijswater en snijd ze vervolgens in smalle reepjes.

4 Snijd de lamsbout in flinterdunne plakken. Leg een kwart van de plakken lamsvlees op een stuk plasticfolie. Schep er een dun laagje couscous met gedroogde vruchten over uit. Rol het geheel met behulp van de folie strak op tot een rol. Herhaal deze werkwijze met de rest van de ingrediënten. Laat de rollen in 1 uur goed koud worden in de koelkast.

5 Verwijder vlak voor het serveren de plasticfolie en snijd de rollen in mooie plakjes. Bind een reepje prei rond elk plakje en dien ze op.

Sushi +

JE KUNT DE COUSCOUS NOG VERDER VERRIJKEN DOOR ER BLOKJES IN BOUILLON GEKOOKTE GROENTEN DOOR TE SCHEPPEN.

Sushi
show

Sushi +

JE KUNT VOOR DEZE NIGIRI IN PLAATS VAN KIP ANDER GEVOGELTE GEBRUIKEN: PARELHOEN, KALKOEN, ZELFS KWARTELFILETS OF DUIVENFILETS ZIJN EEN GOEDE KEUZE VOOR EEN FEESTMENU. JE KUNT AAN DE RIJST OOK WAT ROZIJNEN TOEVOEGEN. DIE ZORGEN VOOR EEN SUBTIEL ZOET-ZOUT SMAAKACCENT IN DE VOLTOOIDE NIGIRI.

Nigiri op Indiase manier

VOOR 4 PERSONEN OF 24 NIGIRI

250 g sushirijst • 30 g pijnboompittenolie • 10 g kerriepoeder • 5 g geschaafde amandelen • 50 g bruine suiker • 100 g appelazijn • 2 gevogeltefilets • fijn zout, peper uit de molen

1 Spoel de rijst een paar keer onder de kraan tot het water helder blijft. Giet de rijst af. Doe de rijst in een grote pan. Doe er een snufje zout, de pijnboompittenolie en de helft van het kerriepoeder bij. Giet er dan tweemaal het volume van de rijst aan water bij. Laat 15 tot 20 minuten sudderen op matig vuur tot er bijna geen vocht meer in de pan is. Neem de pan van het vuur en laat de rijst afgedekt 5 minuten stomen.

2 Rooster intussen de geschaafde amandelen in een droge anti-aanbak koekenpan. Meng de bruine suiker met de appelazijn.

3 Doe de rijst over in een grote kom. Meng er losjes de azijn en de geroosterde amandelen door. Dek de kom af met plasticfolie en laat de rijst dan 1 uur op kamertemperatuur staan.

4 Bevochtig je handen met koud water. Neem kleine balletjes rijst op en druk die met je vingers tot een langwerpig rolletje. Zet de nigiri weg op kamertemperatuur.

5 Snijd vlak voor het serveren de gevogeltefilets in 24 plakjes. Bak ze snel in een droge koekenpan op hoog vuur. Strooi er wat zout en versgemalen peper over. Strooi er tot slot de rest van het kerriepoeder over.

6 Leg een plakje gevogelte op elke nigiri. Geef bij deze nigiri een fijne salade van met wat olijfolie aangemaakte rucola.

Sushi +

GEEF BIJ DEZE NIGIRI EEN MOOIE SALADE VAN TOMATEN MET BASILICUMBLAADJES. DEZE NIGIRI HEBBEN EEN LANGE REIS GEMAAKT VAN HET NABIJE OOSTEN TOT AAN DE ZONOVERGOTEN FRANSE ZUIDKUST.

Nigiri op mediterrane manier

VOOR 4 PERSONEN OF 24 NIGIRI

250 g sushirijst • 30 g olijfolie • een snufje saffraan • 10 g groene pistachenoten • 50 g zongedroogde tomaten • 100 g blanke azijn • 50 g vloeibare rietsuiker • 10 mooie poonfilets • zout, fleur de sel, peper uit de molen

1 Spoel de rijst een paar keer onder de kraan tot het water helder blijft. Giet de rijst af. Doe de rijst in een grote pan. Doe er een snufje zout, de olijfolie en wat saffraan bij (bewaar ietsje olijfolie voor het eind). Giet er dan tweemaal het volume van de rijst aan water bij. Laat 15 tot 20 minuten sudderen op matig vuur tot er bijna geen vocht meer in de pan is. Neem de pan van het vuur en laat de rijst afgedekt 5 minuten stomen.

2 Rooster intussen de pistachenoten even in een hete oven. Snijd de gedroogde tomaten in kleine blokjes. Stamp de licht geroosterde pistachenoten fijn. Meng de azijn met de rietsuiker en een beetje peper.

3 Doe de rijst over in een grote kom. Meng er losjes de azijn, de geroosterde pistachenoten en de blokjes tomaat door. Dek de kom af met plasticfolie en laat de rijst dan 1 uur op kamertemperatuur staan.

4 Bevochtig je handen met koud water. Neem kleine balletjes rijst op en druk die met je vingers tot een langwerpig rolletje. Zet de nigiri weg op kamertemperatuur.

5 Snijd vlak voor het serveren de poonfilets in stukjes die mooi op de nigiri passen. Bak ze eventjes alleen op de velkant in een gloeiendhete koekenpan. Leg de stukjes poon op de nigiri. Bestrijk de stukjes vis met wat olijfolie en strooi er wat fleur de sel over.

Nigiri
met pikante tijgergarnalen

VOOR 4 PERSONEN OF 24 NIGIRI

250 g sushirijst • 30 g olijfolie • 20 g Smyrnarozijnen • ½ verse ananas • 100 g blanke azijn • 50 g fijne kristalsuiker • 3 g geelwortel • 24 tijgergarnalen, uit de schalen gehaald • fijn zout, fleur de sel de Guérande

1 Spoel de rijst een paar keer onder de kraan tot het water helder blijft. Giet de rijst af. Doe de rijst in een grote pan. Doe er een snufje zout en de olijfolie bij. Giet er dan tweemaal het volume van de rijst aan water bij. Laat 15 tot 20 minuten sudderen op matig vuur tot er bijna geen vocht meer in de pan is. Neem de pan van het vuur en laat de rijst afgedekt 5 minuten stomen.

2 Laat intussen de Smyrnarozijnen in een beetje lauw water wellen. Schil de halve ananas en snijd hem dan in kleine blokjes. Meng de azijn met de suiker en de geelwortel.

3 Doe de rijst over in een grote kom. Meng er losjes de azijn, de uitgelekte rozijnen en de blokjes ananas door. Dek de kom af met plasticfolie en laat de rijst dan 1 uur op kamertemperatuur staan.

4 Bevochtig je handen met koud water. Neem kleine balletjes rijst op en druk die met je vingers tot een langwerpig rolletje. Zet de nigiri weg op kamertemperatuur.

5 Rooster de garnalen vlak voor het serveren in een droge, hete antiaanbak koekenpan. Leg een garnaal op elke nigiri en strooi er een beetje fleur de sel over.

Sushi +

JE KUNT DE GARNALEN VERVANGEN DOOR STUKJES VERS GEKOOKT KRABVLEES. DESGEWENST KAN JE ER OOK SNEL GEBAKKEN PLAKJES KREEFTENSTAART OF LANGOEST VOOR GEBRUIKEN.

Sushi +

JE KUNT DE RIJST VERRIJKEN MET FIJNGEHAKTE ZONGEDROOGDE TOMAAT OF IN BLOKJES GESNEDEN, GEBAKKEN COURGETTE. HET VLEES KAN JE OP EEN BARBECUE ROOSTEREN – ZO MAAK JE PRACHTIGE ZOMERSUSHI.

Nigiri
met rundvlees en olijven

VOOR 4 PERSONEN OF 24 NIGIRI

250 g sushirijst • 80 g olijfolie • 100 g sherryazijn • 50 g bruine suiker • 10 g geroosterde pijnboompitten • 30 g groene olijven zonder pit • 30 g zwarte olijven zonder pit • ½ bosje verse basilicum • 500 g mooi mager lendenstuk van het rund • wat piment d'Espelette • fijn zout

1 Spoel de rijst een paar keer onder de kraan tot het water helder blijft. Giet de rijst af. Doe de rijst in een grote pan. Doe er een snufje zout en 30 g olijfolie bij. Giet er dan tweemaal het volume van de rijst aan water bij. Laat 15 tot 20 minuten sudderen op matig vuur tot er bijna geen vocht meer in de pan is. Neem de pan van het vuur en laat de rijst afgedekt 5 minuten stomen.

2 Meng in een kom de sherryazijn met de bruine suiker, de geroosterde pijnboompitten en de fijngehakte groene en zwarte olijven.

3 Doe de rijst over in een grote kom. Meng er losjes de azijn met de pijnboompitten en olijven door. Dek de kom af met plasticfolie en laat de rijst 1 uur op kamertemperatuur staan.

4 Bevochtig je handen met koud water. Neem kleine balletjes rijst op en druk die met je vingers tot een langwerpig rolletje. Zet de nigiri weg op kamertemperatuur.

5 Spoel de basilicum even onder de kraan. Dep hem droog en snijd hem fijn. Meng hem met de rest van de olijfolie. Snijd het lendenstuk in kleine plakjes en laat die in de olie marineren.

6 Verwarm een steengrill voor en serveer de nigiri aan je gasten. Laat je gasten zelf een plakje vlees grillen, dat dan op de nigiri leggen en er wat piment d'Espelette over strooien.

Nigiri
met warme foie gras en zuidvruchten

VOOR 4 PERSONEN OF 24 NIGIRI

250 g sushirijst • 30 g notenolie • 20 g pruimedant zonder pit • 20 g dadel zonder pit • 20 g gedroogde abrikoos • 100 g frambozenazijn • 50 g vloeibare rietsuiker • een snufje quatre-épices • 10 g geroosterde pijnboompitten • 1 mooie kwab foie gras van eend (ongeveer 300 g) • fijn zout, fleur de sel de Guérande

1 Spoel de rijst een paar keer onder de kraan tot het water helder blijft. Giet de rijst af. Doe de rijst in een grote pan. Doe er een snufje zout en de notenolie bij en giet er tweemaal het volume van de rijst aan water bij. Laat 15 tot 20 minuten sudderen op matig vuur tot er bijna geen vocht meer in de pan is. Neem de pan van het vuur en laat de rijst afgedekt 5 minuten stomen.

2 Snijd intussen de zuidvruchten in piepkleine blokjes. Meng de frambozenazijn met de rietsuiker en een snufje quatre-épices.

3 Doe de rijst over in een grote kom. Meng er losjes de azijn, de geroosterde pijnboompitten en de blokjes zuidvrucht door. Dek de kom af met plasticfolie en laat de rijst dan 1 uur op kamertemperatuur staan.

4 Bevochtig je handen met koud water. Neem kleine balletjes rijst op en druk die met je vingers tot een langwerpig rolletje. Zet de nigiri weg op kamertemperatuur.

5 Snijd op het moment van opdienen 24 kleine plakjes van de foie gras. Bak de plakjes een paar tellen per kant in een gloeiendhete koekenpan. Laat de plakjes snel uitlekken op keukenpapier en schik ze dan op de nigiri. Strooi een beetje fleur de sel over de nigiri en dien ze meteen op.

Sushi +

VOOR EEN FEESTELIJK HAPJE VOORAF KAN JE WAT PEREN EAU-DE-VIE AAN HET KOOKWATER VAN DE RIJST TOEVOEGEN. VERVANG DE GEDROOGDE VRUCHTEN DAN DOOR WAT STUKJES IN HONING GEKONFIJTE PEER EN DE EENDENLEVER DOOR GANZENLEVER.

Mini
sushi bio

Nigiri vegetarisch

VOOR 6 PERSONEN OF 30 MINI-NIGIRI

250 g sushirijst • 20 g agavesiroop of lichte biologische rietsuiker • 100 g biologische rijstazijn • 2 gekookte, biologische bieten • 1 bosje verse koriander • 50 g verse biologische geitenkaas • 1 biologische teen knoflook • 20 g biologische notenolie • zout, peper uit de molen

1 Spoel de rijst een paar keer onder de kraan tot het water helder blijft. Giet de rijst af. Doe de rijst in een grote pan. Doe er een snufje zout bij en giet er tweemaal het volume van de rijst aan water bij. Laat 10 tot 15 minuten sudderen op matig vuur tot er bijna geen vocht meer in de pan is. Neem de pan van het vuur en laat de rijst me het deksel op de pan 5 minuten stomen.

2 Meng de agavesiroop of de rietsuiker met de rijstazijn. Doe de rijst over in een grote kom. Giet er de azijn bij terwijl je de rijst losjes omschept. Dek de kom af met plasticfolie en laat de rijst daarna 1 uur op kamertemperatuur staan.

3 Schil de bieten. Snijd ze in heel dunne plakken en snijd die met behulp van een uitsteekvorm bij tot mooie cirkels die zo breed zijn als je nigiri. Spoel de koriander af en dep hem droog. Bewaar een paar van de mooiste blaadjes en hak de rest fijn. Meng de gehakte koriander met de verse geitenkaas. Breng op smaak met zout en peper en zet weg op een koele plaats. Pel de teen knoflook en hak hem fijn. Meng in een kleine kom de knoflook met de notenolie.

4 Bevochtig je handen met koud water. Neem kleine balletjes rijst op en druk die met je vingers tot een langwerpig rolletje.

5 Schep met een lepeltje op elke nigiri wat geitenkaas met koriander. Leg daar twee ronde plakjes biet op en tot slot een blaadje koriander. Neem een kwastje en bestrijk de nigiri tot slot met wat knoflookolie.

6 Serveer deze sushi als hapje vooraf met een paar blaadjes knapperige sla en/of wat rijpe kerstomaatjes.

Sushi +

JE KUNT DEZE BIOLOGISCHE, VEGETARISCHE SUSHI RUSTIG COMBINEREN MET ANDERE KLEURRIJKE SUSHI EN ZO EEN REGENBOOGEFFECT GEVEN AAN DEZE SMAKELIJKE, GEZONDE EN MODERNE SUSHI.

Nigiri
in Indiase stijl

VOOR 4 PERSONEN OF 24 MINI-NIGIRI

150 g biologische sushirijst • 20 g biologische arachideolie • 30 g biologische rijstazijn • 10 g biologische suiker • 20 g biologische stemgember • 2 kleine, biologische kipfilets • 1/2 biologische ananas • zout

1 Spoel de rijst een paar keer onder de kraan tot het water helder blijft. Giet de rijst af. Doe de rijst in een grote pan. Doe er een snufje zout en de olie bij en giet er tweemaal het volume van de rijst aan water bij. Laat 15 tot 20 minuten sudderen op matig vuur tot er bijna geen vocht meer in de pan is. Neem de pan van het vuur en laat de rijst dan afgedekt 5 minuten stomen.

2 Meng de rijstazijn met de suiker. Doe de rijst over in een grote kom. Doe er de in piepkleine blokjes gesneden stemgember bij. Giet er de rijstazijn bij terwijl je de rijst losjes omschept. Dek de kom af met plasticfolie en laat de rijst daarna 1 uur op kamertemperatuur staan.

3 Snijd de kipfilets in plakjes die precies op de nigiri zullen passen. Bak de plakjes even kort in een hete anti-aanbak koekenpan. Doe ze over op een bord en laat ze afkoelen. Schil de halve ananas en snijd hem in dunne plakjes.

4 Bevochtig je handen met koud water. Neem kleine balletjes rijst op en druk die met je vingers tot een langwerpig rolletje. Leg op elk van de nigiri een plakje ananas en leg daar een plakje kip op.

Sushi +

JE KUNT DEZE NIGIRI MET KERRIEPOEDER OF EEN ANDERE INDIASE SPECERIJ BESTROOIEN. JE KUNT OOK EEN PAAR GEWELDE EN UITGELEKTE ROZIJNEN DOOR DE RIJST SCHEPPEN.

Maki paars gekleurd

VOOR 4 PERSONEN OF 4 ROLLEN

50 cl biologische gevogeltebouillon • 50 g biologische tapioca • 100 g biologische tofu met kruiden • 1 biologische en gevacumeerd gekookte biet • 100 g biologische tofu met kruiden

1 Breng de gevogeltebouillon aan de kook. Doe de tapioca in een fijnmazige zeef en laat die in de kokende bouillon zakken tot de korrels doorschijnend worden. Giet de tapiocakorrels in een kom. Laat ze een paar minuten afkoelen. Geef de tapiocakorrels dan kleur met het in de vacuümverpakking achtergebleven bietennat.

2 Snijd de tofu in kleine staafjes en de bieten in flinterdunne plakken. Leg een kwart van de plakken biet op een vel plasticfolie en laat ze elkaar iets overlappen. Verdeel er een dun laagje paarse tapioca over en leg staafjes tofu in het midden. Til de folie op en rol het geheel strak op tot een lange rol. Herhaal deze werkwijze met de rest van de ingrediënten. Laat de rollen in 1 uur goed koud worden in de koelkast.

3 Verwijder vlak voor het serveren de plasticfolie en snijd de rollen in mooie plakjes.

Sushi +

JE KUNT DE TAPIOCA OOK KLEUR GEVEN MET SAFFRAAN OF PETERSELIESAP. VERVANG DE BIET DAN DOOR WITTE PREIBLADEN, DOOR VELLEN NORI, DOOR RIJSTKOEKEN, ENZOVOORT. GEBRUIK ALTIJD WEL ALLEEN PRODUCTEN VAN BIOLOGISCHE LANDBOUW.

Nigiri
met Provençaalse roodbaars

VOOR 4 PERSONEN OF 24 MINI-NIGIRI

150 g biologische sushirijst • 50 g biologische olijfolie • 30 g biologische rijstazijn • 10 g biologische suiker • 3 biologische rode paprika's • 2 biologische tenen knoflook • 2 biologische roodbaarsfilets • 1/2 bosje biologische basilicum • fijn zout, peper uit de molen

1 Spoel de rijst een paar keer onder de kraan tot het water helder blijft. Giet de rijst af. Doe de rijst in een grote pan. Doe er een snufje zout en 20 g olijfolie bij. Giet er dan tweemaal het volume van de rijst aan water bij. Laat 15 tot 20 minuten sudderen op matig vuur tot er bijna geen vocht meer in de pan is. Neem de pan van het vuur en laat de rijst afgedekt 5 minuten stomen.

2 Meng de azijn met de suiker. Doe de rijst over in een grote kom. Giet er de azijn bij terwijl je de rijst losjes omschept. Dek de kom af met plasticfolie en laat de rijst dan 1 uur op kamertemperatuur staan.

3 Verwarm de ovengrill voor. Spoel de paprika's af. Snijd ze doormidden en verwijder het zaad en de zaadlijsten. Pel de tenen knoflook. Leg ze met de halve paprika's op een bakplaat. Sprenkel er de rest van de olijfolie over en strooi er zout en peper over. Rooster de groenten en neem dan het vel van de paprika's. Hak de paprika's en knoflook fijn en zet ze op een koele plaats.

4 Kijk de roodbaarsfilets na op graten en bak ze dan in een droge en hete anti-aanbak koekenpan. Snijd de vis in kleine plakjes. Spoel de basilicumblaadjes af. Dep ze droog.

5 Bevochtig je handen met koud water. Neem kleine balletjes rijst op en druk die met je vingers tot een langwerpig rolletje. Leg op elk van de rijstrolletjes een blaadje basilicum, een bergje fijngehakte paprika en een klein plakje roodbaarsfilet.

Sushi +

HET ETIKET 'BIOLOGISCH' GAAT ALLEEN OP VOOR GEKWEEKTE VIS, OMDAT DE HERKOMST VAN IN HET WILD GEVANGEN VIS NIET IS NA TE GAAN. ER ZIJN OOK ANDERE SOORTEN BIOLOGISCH GEKWEEKTE VIS, ZOALS ZALM, ZEEBAARS OF FOREL.

Maki
groen en geel

VOOR 4 PERSONEN OF 4 ROLLEN

150 g biologische sushirijst • 20 g biologische olijfolie • 10 g biologische suiker • 20 g sap van onbespoten citroen • 1 scharrelei • 20 g biologische mayonaise • 2 vellen nori, doormidden geknipt • 5 biologische groene asperges • zout

1 Spoel de rijst een paar keer onder de kraan tot het water helder blijft. Giet de rijst af. Doe de rijst in een grote pan. Doe er een snufje zout en de olijfolie bij. Giet er dan tweemaal het volume van de rijst aan water bij. Laat 15 tot 20 minuten sudderen op matig vuur tot er bijna geen vocht meer in de pan is. Neem de pan van het vuur en laat de rijst afgedekt 5 minuten stomen.

2 Meng de suiker met het citroensap. Doe de rijst over in een grote kom. Giet er het citroensapmengsel bij terwijl je de rijst losjes omschept. Dek de kom af met plasticfolie en laat de rijst dan 1 uur op kamertemperatuur staan.

3 Doe het scharrelei in een pan gezouten water. Breng aan de kook en laat het ei 10 minuten koken. Laat het ei daarna afkoelen. Pel het ei. Hak het ei fijn en meng de stukjes ei losjes met de mayonaise. Doe het mengsel over in een spuitzak.

4 Spoel de bijgesneden en zo nodig geschilde asperges even onder de kraan. Kook ze in 7 minuten bijtgaar in een ruime hoeveelheid kokend water met flink wat zout erin. Laat de asperges schrikken in ijswater.

5 Knip de vellen nori doormidden. Leg een half vel nori op je werkvlak. Spreid een kwart van de rijst op het vel uit en laat aan de bovenkant van het vel een strook van 2 cm vrij. Leg een asperge in het midden en verdeel er wat fijngehakt ei over. Bevochtig de vrije strook lichtjes met wat water en rol de maki stevig op. Herhaal deze werkwijze met de rest van de ingrediënten. Verpak de makirollen in plasticfolie en leg ze dan minstens 1 uur in de koelkast.

6 Verwijder vlak voor het serveren de plasticfolie en snijd de rollen in mooie plakjes.

Sushi +

JE KUNT DE ASPERGES VERVANGEN DOOR EEN GROENTE VAN JOUW KEUZE. DIE MOET WEL BIOLOGISCH EN IN SEIZOEN ZIJN.

Sushi
met kaas

Maki voor fijnproevers

VOOR 4 PERSONEN OF 4 ROLLEN

100 g blanke azijn • 3 g komijnzaad • 250 g sushirijst • 10 g notenolie • 10 g fijne kristalsuiker • 40 g honing met komijn • 4 bladen groene kool • 1/2 goed rijpe munster-kaas • zout en peper uit de molen

1 Verwarm de azijn een beetje en doe er dan het komijnzaad in. Je kunt dit de avond van tevoren doen, zodat de azijn een goede komijnsmaak krijgt.

2 Spoel de rijst een paar keer onder de kraan tot het water helder blijft. Giet de rijst af. Doe de rijst in een grote pan. Doe er een snufje zout, de notenolie en suiker bij. Giet er tweemaal het volume van de rijst aan water bij. Laat 15 tot 20 minuten sudderen op matig vuur tot er bijna geen vocht meer in de pan is. Neem de pan van het vuur en laat de rijst afgedekt 5 minuten stomen.

3 Doe de rijst over in een grote kom. Meng er losjes de azijn en de honing door. Dek de kom af met plasticfolie en laat de rijst daarna 1 uur op kamertemperatuur staan.

4 Spoel de bladen kool goed af onder de kraan. Dompel ze 1 minuut in kokend water met flink wat zout erin. Laat ze dan meteen schrikken in een kom ijswater. Leg de koolbladen plat op een schone theedoek. Snijd er met een scherp mes de grote nerven uit.

5 Snijd de munster-kaas in vier staafjes van 1 cm dik per kant. Wikkel elk staafje kaas in een koolblad. Leg de rollen in de koelkast.

6 Leg een koolblad met de generfde kant boven plat neer op een sushimatje. Spreid een kwart van de rijst op het vel uit en laat aan de bovenkant een strook van 2 cm vrij. Leg in het midden en in de lengte van de rol een staaf in kool verpakte kaas. Rol het matje dan voorzichtig op, waarbij je de ingrediënten op hun plaats houdt en het koolblad om zichzelf rolt. Herhaal deze werkwijze nog drie keer.

7 Maak een mes vochtig en snijd er de koolrollen in mooie plakjes mee. Bestrooi de maki vlak voor het serveren met een beetje peper en dien ze op als borrelhapje.

Sushi +

DIT RECEPT HEB IK GEMAAKT MET HULP VAN MIJN VRIEND CYRILLE LORH, DIE OP HET GEBIED VAN KAAS EEN MEILLEUR OUVRIER DE FRANCE IS. HIJ GENIET VAN DEZE HAPJES MET EEN GLAS KOEL BIER, MAAR JE KUNT DEZE MAKI OOK ALS VOORGERECHT OF ALS ONDERDEEL VAN EEN KAASPLATEAU PRESENTEREN.

Nigiri uit de Alpen

VOOR 4 PERSONEN OF 24 NIGIRI

50 g blanke azijn • 3 g blaadjes oregano • 250 g sushirijst • 20 g notenolie • 1 ui • 30 g boter • 30 g suiker • het groen van 1 prei • 1 reblochonkaasje • zout

1 Verwarm de azijn een beetje en doe er dan de oregano in. Laat trekken tot je de azijn gaat gebruiken.

2 Spoel de rijst een paar keer onder de kraan tot het water helder blijft. Giet de rijst af. Doe de rijst in een grote pan. Doe er een snufje zout en de notenolie bij en giet er tweemaal het volume van de rijst aan water bij. Laat 15 tot 20 minuten sudderen op matig vuur tot er bijna geen vocht meer in de pan is. Neem de pan van het vuur en laat de rijst afgedekt 5 minuten stomen.

3 Pel intussen de ui en hak hem fijn. Laat de boter smelten in een koekenpan. Doe er zodra de boter schuimt de ui met 20 g suiker in. Laat al omscheppend bakken tot de stukjes ui beginnen te karameliseren. Doe de gekarameliseerde ui over op een bord en laat hem afkoelen.

4 Meng de gezeefde azijn met de rest van de suiker. Doe de rijst over in een grote kom. Giet er de azijn bij terwijl je de rijst losjes omschept. Dek de kom af met plasticfolie en laat de rijst dan 1 uur op kamertemperatuur staan.

5 Spoel het preigroen onder de kraan en blancheer het dan 3 minuten in kokend, gezouten water. Dompel de prei 2 minuten in ijswater en laat het uitlekken op een doek. Snijd de prei in smalle reepjes. Snijd de reblochon in kleine plakjes.

6 Bevochtig je handen met koud water. Neem kleine balletjes rijst op en druk die met je vingers tot een langwerpig rolletje. Leg op elk van deze rolletjes een klein plakje kaas en bind het geheel op met een reepje prei.

Sushi +

BERNARD MURE RAVAUD IS OP KAASGEBIED EEN MEILLEUR OUVRIER DE FRANCE. HIJ IS EEN KENNER VAN ALPENKAZEN EN IS DE GROTE INSPIRATOR VAN DIT RECEPT, DATJE OOK MET ANDERE SOORTEN ALPENKAAS KUNT MAKEN.

Sushi +

SERVEER DEZE MAKI MET EEN FRISSE ROSÉ. JE KUNT DE AUBERGINES VERVANGEN DOOR COURGETTES OF VERSCHILLENDE KLEUREN GEROOSTERDE PAPRIKA.

Maki
van het zonnige zuiden

VOOR 4 PERSONEN OF 4 ROLLEN

250 g sushirijst • 150 g olijfolie • 50 g balsamicoazijn • 10 g suiker • 8 partjes zongedroogde tomaat • 2 mooie aubergines • een paar takjes bloeiende tijm • 250 g verse geitenkaas • zout

1 Spoel de rijst een paar keer onder de kraan tot het water helder blijft. Giet de rijst af. Doe de rijst in een grote pan. Doe er een snufje zout en 20 g olijfolie bij. Giet er dan tweemaal het volume van de rijst aan water bij. Laat 15 tot 20 minuten sudderen op matig vuur tot er bijna geen vocht meer in de pan is. Neem de pan van het vuur en laat de rijst afgedekt 5 minuten stomen.

2 Meng de azijn met de suiker. Doe de rijst over in een grote kom. Schep er de in stukjes gehakte, gedroogde tomaat door. Giet de azijn bij de rijst terwijl je die losjes omschept. Dek de kom af met plasticfolie en laat de rijst 1 uur op kamertemperatuur staan.

3 Spoel de aubergines onder de kraan. Snijd ze in de lengte in lange, heel dunne plakken. Verwarm de ovengrill voor. Leg de plakken aubergine op een met bakpapier beklede bakplaat en zet ze een paar minuten onder de grill. Laat ze na het grillen marineren in de rest van de olijfolie en de tijm. Snijd de geitenkaas in 1 cm dikke staafjes.

4 Leg een kwart van de plakken aubergine op een rechthoek plasticfolie. Verdeel een dun laagje rijst over de plakken aubergine. Laat aan de bovenkant van de folie een flinke strook vrij. Leg staafjes kaas in het midden van de rijst. Rol het geheel strak op met behulp van de folie. Herhaal deze werkwijze met de rest van de ingrediënten. Bewaar de rollen 1 uur in de koelkast.

5 Verwijder vlak voor het serveren de plasticfolie en snijd de rollen in mooie plakjes.

Maki
voor junioren

VOOR 4 JUNIOREN OF 4 ROLLEN

150 g kleine coquilles • 150 g fromage frais (zoals St Môret) • 100 g jonge emmentaler • 4 mooie plakken gekookte ham

1 Kook de coquilles in een ruime hoeveelheid gezouten, kokend water. Giet ze af en doe ze over in een kom. Schep er meteen losjes de fromage frais door. Dek de kom af met plasticfolie en zet hem in de koelkast.

2 Snijd intussen de emmentaler in mooie staafjes van 1 cm per kant.

3 Leg een plak ham op een stuk plasticfolie. Verdeel er een laagje coquilles over en leg een staafje emmentaler in het midden. Rol het geheel met behulp van de folie strak op tot een rol. Herhaal deze werkwijze met de rest van de ingrediënten. Leg de rollen 1 uur in de koelkast.

4 Verwijder vlak voor het serveren de plasticfolie en snijd de rollen in mooie plakjes.

Sushi +

JONGEREN ZIJN DOL OP DIT RECEPT, GEWOON ZO OF MET EEN BEETJE KETCHUP. MET EEN SALADE ERBIJ MAAK JE ER EEN ZOMERS VOORGERECHT VAN.

Californië-rol met brie

VOOR 4 PERSONEN OF 4 ROLLEN

50 g kippenbouillon • 250 g sushirijst • 250 g brie de Meaux • 15 g truffelnat • 1 sjalotje • 250 g verse morieljes • 50 g lichtgezouten boter • 5 g blauw maanzaad • fijn zout en peper uit de molen

1 Verkruimel een kippenbouillonblokje in 50 cl heet water. Spoel de rijst een paar keer onder de kraan tot het water helder blijft. Giet de rijst af. Doe de rijst over in een grote pan. Giet er de kippenbouillon bij en breng op smaak met zout en peper. Laat 15 tot 20 minuten sudderen op matig vuur tot er bijna geen vocht meer in de pan is. Neem van het vuur en laat de rijst met het deksel op de pan 5 minuten stomen.

2 Snijd de brie met korst en al in kleine stukjes. Doe de rijst over in een grote kom. Doe er de brie en het truffelnat bij terwijl je de rijst losjes omschept. Dek de kom af met plasticfolie en laat de rijst dan 1 uur op kamertemperatuur staan.

3 Pel het sjalotje en hak het fijn. Borstel de morieljes een voor een goed schoon en snijd ze dan in grote stukken. Laat in een koekenpan de boter smelten en fruit er de stukjes morielje in. Doe er na een tijdje de sjalot bij. Breng op smaak met zout en peper en laat het mengsel daarna afkoelen tot kamertemperatuur.

4 Leg een rechthoekig stuk plasticfolie op je werkvlak. Verdeel er een dun laagje rijst over. Schep in het midden een strook gebakken morieljes. Rol het geheel met behulp van de folie strak op tot een rol. Herhaal deze werkwijze met de rest van de ingrediënten. Leg de rollen 1 uur in de koelkast.

5 Neem de rollen vlak voor het serveren uit de koelkast en verwijder de folie. Haal de rollen door het maanzaad en snijd ze dan in mooie plakken.

Sushi +

DEZE ROLLEN ZIJN HEEL GESCHIKT ALS HAPJE BIJ EEN DRANKJE, MAAR JE KUNT ZE OOK OP EEN KAASPLATEAU OF ALS VOORGERECHT PRESENTEREN, WAARBIJ JE DAN EEN KLEINE SALADE GEEFT.

Sushi +

JE KUNT DE AFGEKOELDE RIJST LICHT PARFUMEREN MET WAT WITTE PORT.
JE KUNT DEZE MAKI ALS BORRELHAPJE OF MET EEN GROENE SALADE ERBIJ ALS VOORGERECHT SERVEREN.

Maki als bloemen

VOOR 4 PERSONEN OF 4 ROLLEN

250 g sushirijst • 10 g notenolie • 80 g blanke azijn • 10 g fijne kristalsuiker • 150 g roquefort • 50 g pruimedanten zonder pit • 4 mooie plakken rauwe ham • zout

1 Spoel de rijst een paar keer onder de kraan tot het water helder blijft. Giet de rijst af. Doe de rijst in een grote pan. Doe er een snufje zout en de notenolie bij en giet er tweemaal het volume van de rijst aan water bij. Laat 15 tot 20 minuten sudderen op matig vuur tot er bijna geen vocht meer in de pan is. Neem de pan van het vuur en laat de rijst afgedekt 5 minuten stomen.

2 Meng de azijn met de suiker. Doe de rijst over in een grote kom. Giet er de azijn bij terwijl je de rijst losjes omschept. Dek de kom af met plasticfolie en laat de rijst daarna 1 uur op kamertemperatuur staan.

3 Snijd de roquefort in staafjes en de pruimedanten in kleine blokjes.

4 Leg een plak rauwe ham op een sushimatje. Bevochtig je handen en leg een kwart van de rijst in een reep op de ham, waarbij je aan de bovenkant van het matje een strook van 2 cm vrij laat. Leg in het midden van de rijst wat staafjes roquefort en blokjes pruimedant. Rol het matje dan voorzichtig op, waarbij je de ingrediënten op hun plaats houdt en de plak ham om zichzelf rolt. Wikkel de rol strak in plasticfolie. Herhaal deze werkwijze nog drie keer en leg de rollen in de koelkast.

5 Verwijder vlak voor het serveren de plasticfolie en snijd de rollen in mooie plakjes.

Nigiri
met Pyrenese kaas

VOOR 4 PERSONEN OF 24 NIGIRI

1 sinaasappel • 200 g Napoléon (Pyrenese kaas) • 250 g sushirijst • 30 g olijfolie • 50 g rijstazijn • 10 g fijne kristalsuiker • 1 wortel • een snufje komijnpoeder • zout

1 Rasp de schil van de sinaasappel dun af en pers de helft van de sinaasappel uit. Snijd de kaas in kleine blokjes. Laat de blokjes kaas met de fijngeraspte sinaasappelschil en het sinaasappelsap smelten in een au bain-mariepan. Strijk de kaas zodra hij gesmolten is in een dun laagje uit op een groot bord. Zet in de koelkast.

2 Spoel de rijst een paar keer onder de kraan tot het water helder blijft. Giet de rijst af. Doe de rijst in een grote pan. Doe er een snufje zout en de olijfolie bij. Giet er dan tweemaal het volume van de rijst aan water bij. Laat 15 tot 20 minuten sudderen op matig vuur tot er bijna geen vocht meer in de pan is. Neem de pan van het vuur en laat de rijst afgedekt 5 minuten stomen.

3 Meng de azijn met de suiker. Doe de rijst over in een grote kom. Giet er de azijn bij terwijl je de rijst losjes omschept. Dek de kom af met plasticfolie en laat de rijst daarna 1 uur op kamertemperatuur staan.

4 Schil de wortel. Snijd hem dan met een dunschiller in platte linten, net als tagliatelle. Kook de wortellinten in kokend, gezouten water. Laat de linten dan 2 minuten schrikken in ijswater en leg ze weg. Snijd de koud geworden kaas in kleine rechthoekjes.

5 Bevochtig je handen met koud water. Neem kleine balletjes rijst op en druk die met je vingers tot een langwerpig rolletje. Leg op elk van deze rolletjes een rechthoekje kaas. Bind rond elke nigiri een lint wortel en strooi er een klein beetje komijnpoeder over.

Sushi +

NAPOLÉON IS EEN BOERENKAAS VAN SCHAPENMELK DIE DOMINIQUE BOÉ IN DE PYRENEEËN MAAKT. JE KUNT HEM VERVANGEN DOOR EEN ANDER SOORT SCHAPENKAAS, OF DOOR EEN ANDERE SOORT KAAS WAAR JIJ VAN HOUDT.

Nigiri met fruit

VOOR 4 PERSONEN OF 24 NIGIRI

250 g sushirijst • 25 cl sap van de pruimedanten • 10 g notenolie • 80 g rijstazijn • 200 g comté-kaas • 50 g pruimedanten zonder pit • 1/2 bosje bieslook • zout

1 Spoel de rijst een paar keer onder de kraan tot het water helder blijft. Giet de rijst af. Doe de rijst in een grote pan. Doe er een snufje zout, het pruimedantensap en de notenolie bij en giet er tweemaal het volume van de rijst aan water bij. Laat 15 tot 20 minuten sudderen op matig vuur tot er bijna geen vocht meer in de pan is. Neem de pan van het vuur en laat de rijst 5 minuten stomen met het deksel op de pan.

2 Doe de rijst over in een grote kom. Schep er losjes de azijn door. Dek de kom af met plasticfolie en laat de rijst 1 uur op kamertemperatuur staan.

3 Snijd in de tussentijd de comté in dunne plakjes en snijd die weer in kleine rechthoekjes. Snijd de pruimedanten doormidden. Rol de helften tussen je handen tot mooie bolletjes. Blancheer de bieslook een paar tellen in kokend, gezouten water. Dompel de bieslook dan meteen in ijswater. Dep de bieslook droog met een doek.

4 Bevochtig je handen met koud water. Neem kleine balletjes rijst op en druk die met je vingers tot een langwerpig rolletje. Leg op elk rolletje eerst een plakje kaas en dan een bolletje pruimedant. Bind de nigiri tot slot op met een spriet bieslook eromheen. Serveer de nigiri als borrelhapje, of als onderdeel van een kaasplateau.

Sushi +

JE KUNT DIT RECEPT OOK MAKEN MET ANDERE SOORTEN KAAS, ZOALS EEN HALFHARDE SCHAPENKAAS OF RACLETTEKAAS.

Nigiri van Marie Harel

VOOR 4 PERSONEN OF 24 NIGIRI

250 g sushirijst • 30 g notenolie • 50 g vloeibare karamel • 80 g ciderazijn • 1 bosje bieslook • 3 mooie appels • 1 gerijpte camembert-kaas • fijn zout

1 Spoel de rijst een paar keer onder de kraan tot het water helder blijft. Giet de rijst af. Doe de rijst in een grote pan. Doe er een snufje zout, de notenolie en de vloeibare karamel bij. Giet er tweemaal het volume van de rijst aan water bij. Laat 15 tot 20 minuten sudderen op matig vuur tot er bijna geen vocht meer in de pan is. Neem de pan van het vuur en laat de rijst 5 minuten afgedekt stomen.

2 Doe de rijst in een grote kom. Schep er losjes de azijn door. Dek de kom af met plasticfolie en laat de rijst 1 uur op kamertemperatuur staan.

3 Bevochtig je handen met koud water. Neem kleine balletjes rijst op en druk die met je vingers tot een langwerpig rolletje. Zet de nigiri weg op kamertemperatuur.

4 Dompel de bieslook 15 tellen in goed gezouten, kokend water. Laat de bieslook dan meteen schrikken in een kom ijswater, zodat hij mooi frisgroen blijft. Snijd de appels en de kaas met korst in kleine plakjes. Laat de bieslook even uitlekken en dep hem dan droog met keukenpapier.

5 Leg op elk rolletje rijst een plakje appel en daarop een plakje camembert. Bind elke nigiri dan op met een spriet bieslook eromheen.

Sushi +

ALS JE DIT RECEPT ALLEEN VOOR VOLWASSENEN MAAKT, KAN JE DE RIJST EEN APPELGEURTJE GEVEN MET EEN BEETJE CALVADOS. JE KUNT DE KNAPPERIGE APPEL VERVANGEN DOOR RIJPE PEREN. KIES EEN SOORT PEER MET EEN VOLLE, ZOETE SMAAK DIE GOED BIJ DIT RECEPT PAST.

Zoete sushi

Nigiri
met peer en amandelen

VOOR 4 PERSONEN OF 24 NIGIRI

250 g sushirijst • 200 g kristalsuiker • 10 g vanillesuiker • 75 cl halfvolle melk • 30 g gemalen amandelen • 20 g geschaafde amandelen • 80 g blanke saus • 3 mooie, goed rijpe peren

1 Spoel de rijst een paar keer onder de kraan tot het water helder blijft. Giet de rijst af. Doe de rijst in een pan met de kristalsuiker, vanillesuiker en de melk. Laat de rijst sudderen op heel laag vuur. Schep hem af en toe om, zodat hij mooi rul blijft. Schep zodra de melk voor de helft is opgenomen de gemalen amandelen door de rijst. Laat de rijst verder sudderen tot de melk helemaal verdampt is.

2 Doe de rijst over in een kom en laat hem afkoelen. Bevochtig je handen met koud water. Neem kleine balletjes rijst op en druk die met je vingers tot een langwerpig rolletje. Zet de nigiri weg op kamertemperatuur.

3 Rooster de geschaafde amandelen licht in een hete, anti-aanbak koekenpan. Laat in een pannetje de blanke saus smelten met een beetje water.

4 Schil de peren vlak voor het serveren. Verwijder het klokhuis en snijd de peren in dunne plakjes. Leg de plakjes peer op de nigiri. Neem een kwastje en bestrijk de nigiri met wat blanke saus. Strooi er wat geroosterde, geschaafde amandelen over.

Sushi +

ALS JE DIT DESSERT ALLEEN VOOR VOLWASSENEN MAAKT, KAN JE WAT AMARETTO BIJ HET KOOKNAT VAN DE RIJST GIETEN. DE GESCHAAFDE AMANDELEN KAN JE VERVANGEN DOOR VERKRUIMELDE SPECULAAS.

Nigiri met aardbeien

VOOR 4 PERSONEN OF 24 NIGIRI

250 g sushirijst • 1 liter magere melk • 80 g grove poedersuiker • 1 vanillestokje • 150 g gekonfijte vruchten • 3 cl Grand Marnier VOOR DE CRÈME ANGLAISE **25 cl magere melk • 1 vanillestokje • 3 eierdooiers • 60 g grove poedersuiker • 5 blaadjes gelatine • 12 mooi vlezige aardbeien • 50 g bosvruchtengelei**

1 Kook de rijst 5 minuten in een ruime hoeveelheid kokend water. Giet de rijst af en spoel hem onder de kraan. Breng de melk met de poedersuiker en het in de lengte opengespleten en uitgeschraapte vanillestokje aan de kook. Doe de rijst in de melk en laat hem dan 20 minuten sudderen op matig vuur.

2 Snijd intussen de gekonfijte vruchten in kleine blokjes en laat die trekken in de Grand Marnier.

3 Breng voor de crème anglaise de 25 cl melk en het in de lengte opengespleten en uitgeschraapte vanillestokje in een pan aan de kook. Klop de dooiers met de poedersuiker tot het mengsel lichtgeel van kleur is. Neem het vanillestokje uit de kokende melk en giet die bij het dooiermengsel. Giet alles terug in de pan en laat op laag vuur sudderen, waarbij je af en toe met een spatel roert tot het mengsel dikker wordt.

4 Laat de blaadjes gelatine weken in een schaal koud water. Knijp ze uit en laat ze smelten in de nog warme crème anglaise. Giet de crème door een heel fijne zeef over de nog warme rijst. Voeg de stukjes uitgelekte gekonfijte vruchten toe en meng alles goed. Zet minstens 2 uur in de koelkast.

5 Maak met twee behulp van twee lepeltjes mooie ovaaltjes rijst. Snijd de aardbeien in dunne plakjes en schik die op de nigiri. Laat de bosvruchtengelei smelten op laag vuur. Neem een kwastje en bestrijk de nigiri met de gesmolten gelei.

Sushi +

JE KUNT BIJ DEZE NIGIRI EEN COULIS VAN BOSVRUCHTEN, ABRIKOZEN OF MANGO MET VERSE MUNT SERVEREN. AFHANKELIJK VAN HET SEIZOEN KAN JE DE AARDBEIEN DOOR ANDERE VRUCHTEN VERVANGEN.

Maki
van tropische eilanden

VOOR 4 PERSONEN OF 4 ROLLEN

250 g sushirijst • 1 liter halfvolle melk • 150 g suiker • 5 cl rum • een snufje gemberpoeder • 1 ananas

1 Spoel de rijst een paar keer onder de kraan tot het water helder blijft. Giet de rijst af. Doe de rijst met de melk, suiker, rum en wat gemberpoeder in een ruime pan. Laat op laag vuur sudderen tot er geen vocht meer in de pan zit. Schep af en toe om, zodat de rijst mooi rul blijft. Doe de rijst over in een kom. Dek de kom af met plasticfolie en laat de rijst koud worden.

2 Schil de ananas. Snijd hem in flinterdunne plakjes, net als voor een carpaccio. Verdeel de plakjes ananas over vier stukken plasticfolie en laat ze elkaar net iets overlappen. Leg een rolletje rijst in het midden. Rol het geheel strak op met behulp van de folie. Leg de rollen minstens 1 uur in de koelkast.

3 Verwijder vlak voor het serveren de plasticfolie en snijd de rollen in mooie plakjes. Je kunt bij deze maki een coulis van bosvruchten of tropische vruchten serveren.

Sushi +

JE KUNT EEN ANDER SOORT FRUIT VOOR HET INPAKKEN VAN DE RIJST KIEZEN EN DE RUM VERVANGEN DOOR MALIBU BIJVOORBEELD.

Maki met ei

VOOR 4 PERSONEN OF 4 ROLLEN

VOOR DE EIERROOM **25 cl melk • 5 cl slagroom • vanille-essence • 40 g suiker • 2 hele eieren** VOOR DE OMELETTEN **3 eieren • 40 g suiker • een snufje kaneelpoeder** VOOR DE RIJST **250 g sushirijst • 150 g fijne kristalsuiker • 1 liter melk**

1 Maak de eierroom de avond van tevoren. Breng de melk met de slagroom en wat druppels vanille-essence aan de kook. Klop in een kom stevig de suiker met de eieren door elkaar en giet er dan al kloppend de kokende melk bij. Giet het mengsel in een bak en laat die 1 uur in een schaal met heet water au bain-marie koken in een op 120°C voorverwarmde oven. Laat de room afkoelen en zet hem dan in de koelkast.

2 Breek de eieren voor de omeletten in een kom en klop er krachtig de suiker en een beetje kaneelpoeder door. Verdeel het mengsel in vieren en bak er in een anti-aanbak koekenpan in 1 tot 2 minuten per kant 4 omeletjes van. Leg de gebakken omeletten op een vochtige doek.

3 Spoel de rijst een paar keer onder de kraan tot het water helder blijft. Giet de rijst af. Doe de rijst met de suiker en de melk in een ruime pan. Laat op laag vuur sudderen tot er geen vocht meer in de pan zit. Schep af en toe om, zodat de rijst mooi rul blijft. Doe de rijst over in een kom. Dek de kom af met plasticfolie en laat de rijst koud worden.

4 Stort intussen de eierroom uit de vorm en snijd hem in staafjes. Leg de staafjes op een vel bakpapier en laat ze stevig worden in de vriezer.

5 Snijd de omeletten tot rechthoeken. Leg ze op vier stukken plasticfolie. Schep op elk een laagje rijst en leg wat staafjes eierroom in het midden van de rijst. Rol de omeletten strak op met behulp van de plasticfolie. Leg de rollen 1 uur in de koelkast.

6 Verwijder vlak voor het serveren de plasticfolie en snijd de rollen in mooie plakjes.

Sushi +

JE KUNT DE EIERROOM EXTRA SMAAK GEVEN MET WAT SPECERIJEN VAN JOUW KEUZE. DE OMELETTEN KAN JE VERVANGEN DOOR FLENSJES.

Californië-rol met vruchten

VOOR 4 PERSONEN OF 4 ROLLEN

250 g sushirijst • 150 g suiker • 1 liter halfvolle melk • een snufje quatre-épices • 10 grote, vlezige aardbeien • 3 kiwi's • 1/2 ananas

1 Spoel de rijst een paar keer onder de kraan tot het water helder blijft. Giet de rijst af. Doe de rijst met de suiker, de melk en een snufje quatre-épices in een ruime pan. Laat op laag vuur sudderen tot er geen vocht meer in de pan zit. Schep af en toe om, zodat de rijst mooi rul blijft. Doe de rijst over in een kom. Dek de kom af met plasticfolie en laat de rijst koud worden.

2 Spoel intussen de aardbeien onder de koude kraan. Dep ze droog en trek er de kroontjes af. Schil de kiwi's en de ananas. Snijd alle vruchten in staafjes van 1 cm per kant.

3 Leg een stuk plasticfolie op je werkvlak. Strijk er een kwart van de rijst in een dun laagje over uit. Leg in het midden verschillende staafjes fruit. Til de folie op en rol daarmee het geheel strak op tot een rol. Herhaal deze werkwijze met de rest van de ingrediënten. Laat de rollen in 1 uur goed koud worden in de koelkast.

4 Verwijder vlak voor het serveren de plasticfolie en snijd de rollen in mooie plakjes. Geef bij deze sushi een coulis van tropische vruchten of een crème anglaise.

Sushi +

VERVANG DE QUATRE-ÉPICES DOOR VIOOLTJESWATER OF ROZENWATER. OP DIE MANIER GEEF JE DIT HEERLIJK FRISSE DESSERT EEN PRACHTIG BLOEMIG ACCENT.

Californië-rol als macarons

VOOR 4 PERSONEN OF 24 NIGIRI

250 g sushirijst • 1 liter melk • 150 g suiker • oranjebloesemwater • 48 verschillend gekleurde bolletjes voor kleine macarons

1 Spoel de rijst een paar keer onder de kraan tot het water helder blijft. Giet de rijst af. Doe de rijst met de melk, suiker en wat druppels oranjebloesemwater in een grote pan. Laat op laag vuur sudderen tot er geen vocht meer in de pan zit. Schep af en toe om, zodat de rijst mooi rul blijft.

2 Doe de rijst over in een kom. Dek de kom af met plasticfolie en laat de rijst afkoelen tot kamertemperatuur.

3 Bevochtig zodra de rijst op kamertemperatuur is je handen met koud water en rol 24 bolletjes van de rijst.

4 Leg op de helft van de macaronbolletjes een klein bolletje rijst en leg er een ander macaronbolletje op.

5 Zet de macarons een paar minuten op een koele plaats, maar niet in de koelkast, omdat de macarons slap zouden worden door de vochtigheid in de koelkast.

Sushi +

JE KUNT DE RIJST EXTRA SMAAK GEVEN MET EEN VRUCHTENCOULIS, ZOETHOUTESSENCE, OF DOOR RIJST MET CACAO TE MAKEN.

Nigiri op Normandische manier

VOOR 4 PERSONEN OF 24 NIGIRI

250 g sushirijst • 400 g fijne kristalsuiker • 3 g kaneelpoeder • 75 cl halfvolle melk • 10 cl slagroom • 3 mooie appels • 50 g lichtgezouten boter • fleur de sel de Guérande

1 Spoel de rijst een paar keer onder de kraan tot het water helder blijft. Giet de rijst af. Doe de rijst met de helft van de suiker, het kaneelpoeder en de melk in een ruime pan. Breng aan de kook. Laat dan op een heel laag pitje sudderen tot er geen vocht meer in de pan te zien is. Schep de rijst daarbij af en toe om, zodat hij mooi rul blijft. Doe de rijst over in een kom en laat hem afgedekt afkoelen.

2 Giet de rest van de suiker in een pan en laat heel zachtjes koken tot de suiker goudkleurig is. Draai het vuur uit. Neem de pan van het vuur en giet de slagroom bij de suiker. Voeg een snufje fleur de sel toe en schep goed om. Roer de karamel door de rijst en laat die dan rusten op kamertemperatuur.

3 Bevochtig je handen met koud water. Neem kleine balletjes rijst op en druk die met je vingers tot een langwerpig rolletje. Zet de nigiri weg op kamertemperatuur.

4 Snijd vlak voor het serveren de appels zonder te schillen in dunne schijfjes. Laat de lichtgezouten boter smelten in een pan op matig vuur. Bak er zodra de boter begint te schuimen snel de plakjes appel in en leg ze daarna meteen op de nigiri.

Sushi +

JE KUNT VOOR EEN KROKANT EFFECT FIJNGEMALEN NOTEN DOOR DE RIJST SCHEPPEN. JE KUNT HET KOOKNAT VOOR DE RIJST GEUR GEVEN MET EEN SCHEUTJE CALVADOS.

Sushi +

SERVEER DE CRÊPES DESGEWENST MET EEN SIROOP VAN JOUW VOORKEUR OF LAAT ZE GEWOON NATUREL. ALS JE VAN DE COMBINATIE CHOCOLADE EN MUNT HOUDT, KAN JE 5 CL MUNTSIROOP DOOR DE RIJST ROEREN.

Maki als Schwarzwalder

VOOR 4 PERSONEN OF 4 ROLLEN

VOOR DE CRÊPES **250 g bloem • 70 g cacao • 30 g suiker • een snufje zout • 3 eieren • 20 g boter • 50 cl melk** VOOR DE TRUFFELPASTA **150 g pure chocolade • 150 g slagroom** VOOR DE RIJST **250 g sushirijst • 1 liter melk • 150 g suiker • 1 vanillestokje**

1 Meng voor de crêpes in een kom de bloem met de cacao, suiker en een snufje zout. Meng eventjes. Voeg dan de losgeklopte eieren en de gesmolten boter toe en schep alles met een houten lepel door elkaar. Meng er kloppend met een garde beetje voor beetje de melk door. Laat 1 uur rusten. Bak van het beslag in 1 tot 2 minuten per kant vier crêpes in een anti-aanbak koekenpan. Laat ze even uitlekken op een vochtige theedoek.

2 Laat in een pan op heel laag vuur de in stukjes gebroken chocolade smelten in de slagroom. Klop het mengsel door elkaar. Giet het mengsel dan in een kom en zet die op een koele plaats. Doe de truffelpasta zodra hij steviger wordt in een spuitzak met een spuitmondje van 2 cm doorsnee Spuit vier rolletjes pasta op een vel bakpapier. Leg de rolletjes in de koelkast.

3 Spoel de rijst een paar keer onder de kraan tot het water helder blijft. Giet de rijst af. Verhit in een pan de rijst met de melk, suiker en het in de lengte opengesneden en uitgeschraapte vanillestokje. Laat alles op laag vuur sudderen tot er geen vocht meer in de pan zit. Schep af en toe om, zodat de rijst mooi rul blijft. Doe de rijst over in een kom. Dek de kom af met plasticfolie en laat de rijst afkoelen.

4 Snijd de crêpes bij tot nette rechthoeken. Leg de rechthoeken op stukken plasticfolie. Spreid op elk een dun laagje rijst uit en leg een rolletje truffelpasta in het midden. Rol de crêpes strak op met behulp van de plasticfolie. Leg de rollen 2 uur in de koelkast.

5 Verwijder vlak voor het serveren de plasticfolie en snijd de rollen in mooie plakjes. Serveer ze als onderdeel van een samengesteld dessert, of geef ze bij een kopje koffie.

Nigiri van de zeerovers

VOOR 4 PERSONEN OF 24 NIGIRI

250 g sushirijst • 200 g vloeibare rietsuiker • 60 cl halfvolle melk • 20 cl kokosmelk • 20 g gemalen, gedroogde kokos • 200 g pure chocolade

1 Spoel de rijst een paar keer onder de kraan tot het water helder blijft. Giet de rijst af. Doe de rijst in een grote pan. Doe er de vloeibare rietsuiker, halfvolle melk en de kokosmelk bij. Breng aan de kook. Laat dan op een heel laag pitje sudderen tot er geen vocht meer in de pan te zien is. Schep de rijst daarbij af en toe om, zodat hij mooi rul blijft.

2 Doe de rijst over in een grote kom en meng er geleidelijk de gedroogde kokos door. Laat de rijst even rusten op kamertemperatuur.

3 Bevochtig je handen met koud water. Neem kleine balletjes rijst op en druk die met je vingers tot een langwerpig rolletje. Leg de nigiri minstens 30 minuten in de koelkast.

4 Breek vlak voor het serveren de chocolade in kleine stukjes en laat die langzaam au bain-marie smelten. Doop de nigiri voorzichtig een voor een in de gesmolten chocolade. Leg ze in een cirkel op een mooie dienschaal. Je kunt de nigiri garneren met wat geschaafde kokos.

Sushi +

JE KUNT BIJ DEZE NIGIRI WAT GESCHILDE EN IN BLOKJES GESNEDEN TROPISCHE VRUCHTEN GEVEN. ALS JE ALLEEN MET VOLWASSENEN EET, KAN JE VOOR HET KOKEN VAN DE RIJST OOK WAT BRUINE RUM TOEVOEGEN.

Sushi
voor de kleintjes

Nigiri met baard

VOOR 4 VRIENDJES MET TREK OF 24 NIGIRI

250 g sushirijst • 1 liter halfvolle melk • 150 g grenadinesiroop • 50 g gekleurde hagelslag • 1 emmertje suikerspin

1 Spoel de rijst een aantal keer onder de kraan tot het water helder blijft. Giet de rijst dan af. Doe de rijst in een grote pan. Giet er de melk en de grenadinesiroop bij. Meng de rijst en breng hem op matig vuur aan de kook, waarbij je alles regelmatig en tot onderin de pan met een houten spatel omschept, zodat de rijst niet aanbakt.

2 Draai het vuur uit zodra er geen vocht meer over is. Doe de rijst in een grote kom. Dek de kom af met plasticfolie en laat de rijst afkoelen.

3 Was je handen voor je de nigiri gaat maken en zet ook een kom koud water klaar. Bevochtig je handen en een soeplepel. Leg een bolletje rijst in je hand en druk dat met de lepel in de vorm van een ovaaltje. Herhaal deze werkwijze tot er geen rijst meer over is.

4 Strooi de gekleurde hagelslag op een bord en rol er een voor een de nigiri door. Schik vlak voor je de nigiri gaat opdienen op elke nigiri een wolkje suikerspin.

Sushi +

JE KUNT DE GRENADINESIROOP DESGEWENST VERVANGEN DOOR MUNTSIROOP OF EEN ANDERE SMAAK SIROOP DIE JE LEKKER VINDT.

Nigiri
Nutella-banaan

VOOR 4 VRIENDJES MET TREK OF 24 NIGIRI

250 g sushirijst • 80 g suiker • 1 liter halfvolle melk • 50 g Nutella • 2 bananen

1 Spoel de rijst een aantal keer onder de kraan tot het water helder blijft. Giet de rijst dan af. Doe de rijst in een grote pan. Giet er de melk en de suiker bij. Meng de rijst en breng hem op matig vuur aan de kook, waarbij je alles regelmatig en tot onderin de pan met een houten spatel omschept, zodat de rijst niet aanbakt.

2 Draai het vuur uit zodra er geen vocht meer over is. Doe de rijst in een grote kom. Meng er voorzichtig de Nutella door. Dek de kom af met plasticfolie en laat de rijst afkoelen.

3 Was je handen voor je de nigiri gaat maken en zet ook een kom koud water klaar. Bevochtig je handen en een soeplepel. Leg een bolletje rijst in je hand en druk dat met de lepel in de vorm van een ovaaltje. Herhaal deze werkwijze tot er geen rijst meer over is.

4 Snijd de bananen in dunne schijfjes. Leg op elke nigiri twee of drie schijfjes banaan en laat het smullen maar beginnen!

Sushi +

BESTROOI JE NIGIRI VOOR EEN LEKKER KROKANT ACCENT MET EEN BEETJE ONTBIJTGRAAN.

HIGHWAY PATROL

招福

Maki
met aardbeisnoepjes

VOOR 4 VRIENDJES MET TREK OF 4 ROLLEN

250 g sushirijst • 1 liter halfvolle melk • 150 g suiker • 2 zakjes Dragibusbolletjes • 30 g cacao • 30 Tagada-aardbeisnoepjes

1 Spoel de rijst een aantal keer onder de kraan tot het water helder blijft. Giet de rijst dan af. Doe de rijst in een grote pan. Giet er de melk en de suiker bij. Meng de rijst en breng hem op matig vuur aan de kook, waarbij je alles regelmatig en tot onderin de pan met een houten spatel omschept, zodat de rijst niet aanbakt.

2 Draai het vuur uit zodra er geen vocht meer over is. Doe de rijst in een grote kom. Dek de kom af met plasticfolie en laat de rijst afkoelen. Voeg dan de Dragibusbolletjes toe en schep die er losjes door.

3 Leg een rechthoekig stuk plasticfolie op je werkvlak. Schep er in een lange strook een kwart van de rijst op en rol die strak op in de plasticfolie. Herhaal deze werkwijze drie keer en leg de rollen dan in de koelkast.

4 Verwijder de plasticfolie van de rijstrollen zodra die goed stevig zijn. Strooi de cacao op een bord en rol de rollen er een voor een goed door.

5 Snijd de rollen in dikke plakjes. Bevochtig daarbij het lemmet van je mes regelmatig, zodat de rijst er niet aan vastplakt. Leg op elk plakje een aardbeisnoepje.

Sushi +

HET SNIJDEN VAN DE ROLLEN KAN WAT MOEILIJK GAAN DOOR DE SUIKERBOLLETJES ERIN. JE KUNT DIE DAN OOK PAS NA HET SNIJDEN OP DE PLAKJES RIJST LEGGEN. DAT ZAL ER OOK HEEL LEUK UITZIEN.

Maki met Chamallows

VOOR 4 VRIENDJES MET TREK OF 4 NIGIRI

250 g sushirijst • 1 liter halfvolle melk • 150 g aardbeiensiroop • 5 grote aardbeien • 15 Chamallows

1 Spoel de rijst een aantal keer onder de kraan tot het water helder blijft. Giet de rijst dan af. Doe de rijst in een grote pan. Giet er de melk en de aardbeiensiroop bij. Meng de rijst en breng hem op matig vuur aan de kook, waarbij je regelmatig met een houten spatel omschept, zodat de rijst niet aankoekt.

2 Draai het vuur uit zodra er geen vocht meer over is. Doe de rijst in een grote kom. Dek de kom af met plasticfolie en laat de rijst afkoelen. Spoel de aardbeien onder de kraan. Dep ze droog. Trek er de kroontjes af en snijd de aardbeien in piepkleine stukjes.

3 Schep er zodra de rijst op kamertemperatuur is de stukjes aardbei heel losjes door. Leg een rechthoekig stuk plasticfolie op je werkvlak. Schep er een kwart van de rijst in een lange strook op en rol die strak op in de plasticfolie. Herhaal deze werkwijze drie keer en leg de rollen in de koelkast.

4 Snijd de Chamallows horizontaal doormidden. Verwijder de plasticfolie zodra de rijst koud is. Snijd de rollen in plakjes. Bevochtig het lemmet van het mes, zodat de rijst er niet aan vastplakt. Maak kleine sandwiches door tussen twee plakjes Chamallow een plakje rijst te stoppen, of een plakje Chamallow tussen twee plakjes rijst. Zet vast met cocktailprikkers.

Sushi +

IN PLAATS VAN AARDBEIENSIROOP KAN JE MUNTSIROOP GEBRUIKEN. DE AARDBEIEN KAN JE VERVANGEN DOOR VERSE ANANAS OF ANANAS OP SIROOP.

Maki
Cola

VOOR 4 VRIENDJES MET TREK OF 4 ROLLEN

250 g sushirijst • 75 cl halfvolle melk • 80 g suiker • 25 cl Coca-Cola • 20 Colaflesjes (snoepjes) • 30 g gekleurde hagelslag

1 Spoel de rijst een aantal keer onder de kraan tot het water helder blijft. Giet de rijst dan af. Doe de rijst in een grote pan. Giet er de melk en de suiker bij. Meng de rijst even en breng hem op matig vuur aan de kook. Schep de rijst regelmatig om en wacht tot er geen vocht meer in de pan zit.

2 Giet er de Coca-Cola bij en laat nog even sudderen tot er geen vocht meer in de pan is. Doe de rijst over in een kom. Dek de kom af met plasticfolie en laat de rijst afkoelen.

3 Leg zodra de rijst bijna koud is een rechthoekig stuk plasticfolie op je werkvlak. Schep er een kwart van de rijst op en strijk die in een rechthoek uit op de folie. Schik dan in het midden vijf Colaflesjessnoepjes in een rij. Rol het geheel op met behulp van de plasticfolie en zorg dat de flesjes mooi in het midden zitten. Maak de rol strak dicht. Herhaal deze werkwijze nog drie keer.

4 Leg de ingepakte rollen in de koelkast. Neem ze er pas uit wanneer ze koud en stevig zijn. Verwijder de plasticfolie. Rol de rollen een voor een door de gekleurde hagelslag die je op een bord hebt gestrooid. Snijd de rollen in mooie plakjes. Bevochtig daarbij regelmatig het lemmet van het mes, zodat de rijst er niet aan vastplakt.

Sushi +

JE KUNT VOOR DE VERANDERING GEWONE RIJST MET MELK MAKEN EN ANDER SNOEPGOED IN HET MIDDEN VAN DE ROLLEN LEGGEN.

OVERZICHT VAN DE RECEPTEN

Sushi traditioneel pag. 8
Nigiri met gamba's pag. 10
Maki met komkommer en munt pag. 12
Californië-rol met groenten en ontbijtgraan pag. 14
Nigiri met zalm pag. 16
Nigiri met coquilles pag. 18

Sushi herzien en aangepast pag. 20
Nigiri in blik pag. 22
Maki black & white pag. 24
Maki met gerookte schelvis en gesmoorde prei pag. 25
Californië-rol zoet en zout pag. 26
Maki bouillabaisse pag. 29
Maki met kalfsragout pag. 30
Maki als in Zuidwest-Frankrijk pag. 32
Nigiri met tomaat en mozzarella pag. 34

Fusion wereldwijd pag. 36
Nigiri risotto pag. 38
Nigiri paella pag. 40
Maki uit de Andes pag. 42
Maki couscous pag. 44

Sushi show pag. 46
Nigiri op Indiase manier pag. 48
Nigiri op mediterrane manier pag. 50
Nigiri met pikante tijgergarnalen pag. 52
Nigiri met rundvlees en olijven pag. 54
Nigiri met warme foie gras en zuidvruchten pag. 56

Mini sushi bio pag. 58
Nigiri vegetarisch pag. 60
Nigiri in Indiase stijl pag. 62
Maki paars gekleurd pag. 64
Nigiri met Provençaalse roodbaars pag. 66
Maki groen en geel pag. 68

Sushi met kaas pag. 70
Maki voor fijnproevers pag. 72
Nigiri uit de Alpen pag. 74
Maki van het zonnige zuiden pag. 76
Maki voor junioren pag. 78
Californië-rol met brie pag. 79
Maki als bloemen pag. 80
Nigiri met Pyrenese kaas pag. 82
Nigiri met fruit pag. 84
Nigiri van Marie Harel pag. 86

Zoete sushi pag. 88
Nigiri met peer en amandelen pag. 90
Nigiri met aardbeien pag. 92
Maki van tropische eilanden pag. 94
Maki met ei pag. 95
Californië-rol met vruchten pag. 96
Californië-rol als macarons pag. 98
Nigiri op Normandische manier pag. 100
Maki als Schwarzwalder pag. 102
Nigiri van de zeerovers 104

Sushi voor de kleintjes pag. 106
Nigiri met baard pag. 109
Nigiri Nutella-banaan pag. 110
Maki met aardbeisnoepjes pag. 112
Maki met Chamallows pag. 114
Maki Cola 116

INDEX VAN DE RECEPTEN

CALIFORNIË-ROL
met Brie pag. 79
met groente en ontbijtgraan pag. 14
als macarons pag. 98
met vruchten pag. 96
zoet en zout pag. 26

MAKI
met aardbeisnoepjes pag. 112
uit de Andes pag. 42
als bloemen pag. 80
bouillabaisse pag. 28
met Chamallows pag. 114
Cola pag. 116
couscous pag. 44
met ei pag. 95
met gerookte schelvis en gesmoorde prei pag. 25
groen en geel pag. 68
voor junioren pag. 78
met kalfsragout pag. 30
met komkommer en munt pag. 12
paars gekleurd pag. 64
als Schwarzwalder pag. 104
van tropische eilanden pag. 94
als in Zuidwest-Frankrijk pag. 32

NIGIRI
met aardbeien pag. 92
uit de Alpen pag. 74
met baard pag. 110
black & white pag. 24
in blik pag. 22
met coquilles pag. 18
voor fijnproevers pag. 72
met fruit pag. 84
op Indiase manier pag. 48
in Indiase stijl pag. 62
van Marie Harel pag. 86
op mediterrane manier pag. 50
op Normandische manier pag. 100
Nutella-banaan pag. 110
paella pag. 40
met peer en amandelen pag. 90
met pikante tijgergarnalen pag. 52
met Provençaalse roodbaars pag. 66
met Pyrenese kaas pag. 82
risotto pag. 38
met rundvlees en olijven pag. 54
met tomaat en mozzarella pag. 34
vegetarisch pag. 60
met warme foie gras en zuidvruchten pag. 56
met zalm pag. 16
van de zeerovers pag. 104
van het zonnige zuiden pag. 76

DANKBETUIGING

Garlone Bardel dankt alle personen en bedrijven die aan dit boek hebben bijgedragen.

HERKOMST DER FOTO'S

Bernadette Andrieu/www.atelier-ceramique.fr pag. 92
Astier de Villatte /www.astierdevillatte.com pag. 17
Delphine Bonnet, l'Atelier d'Astrée pag. 23, 27, 28, 50, 63
Armelle Haûy pag. 32, 35, 50
Adeline KLAM/www.adelineklam-atelierboutique.com
pag. 1, 23, 27, 28, 31, 35, 39, 48, 54, 61, 62, 67, 73, 76, 84, 91, 92, 99, 101, 111, 115
Kimonoya/www.kimonoya.fr pag. 11, 12, 44, 53, 57, 76, 112
Isabelle de Margerie/idemargerie.com pag. 76
Léonor Mataillet/www.leonormataillet.com pag. 69, 101
Merci/www.merci-merci.com pag. 1, 111, 112
Petit Pan www.petitpan.com pag. 107
Florence Pailleau /florence.pailleau.free.fr pag. 32, 40
Conserverie La belle Iloise/www.lebelleiloise.fr pag. 23
Camembert Le Rustique/www.quiveutdufromage.com pag. 86
Les Cocktails Dolls/www.auroredestaing.com pag. 12, 74, 102, 116